JN329020

序文
――勝者だけが知っている「ウイルス」克服方法――そこから見えてくる「原理・原則」

加藤　友康

私は今、一事業家として総合的なレジャー事業開発のプロデュースを手がけているが、日本の経済社会において常識となっていることの中に疑問を感じる点がある。

たとえば不動産投資の分野でも、ふつうは銀行から資金を全額借り入れたとしても、所定の金利を払って元本の償還を行い、きちんと納税できるようなスキームでなければ投資しないのが原則だ。

ところがバブル期には、多くの企業や投資家は不動産価格の急激な上昇に伴うキャピタル・ゲイン（含み益）に目を奪われ、次々と無謀な投資に走ったのである。彼らのほとんどはバブル崩壊に伴う価格の暴落に耐えられず、アッと言う間に姿を消したが、私たちのグループがそうならなかったのは、投資から得られる正当な収益を借入金の返済に当て、余った資金で次の投資を行うという当たり前の事業スタイルを崩さなかったからである。

そして今、日本経済の最大の課題は、多くの金融機関がかかえる膨大な不良債権をどう処理し、低迷する企業活動を活性化させるかという点にある。

そこで二〇〇二年十月、金融庁が公表した「金融再生プログラム」には、〇四年度中に主要銀行の貸し出し額に占める不良債権比率を半減させ、資産査定を厳格化して自己資本を充実し、ガバナンスを強化することなどが盛り込まれた。

また、預金保険機構が全額出資して設立された「整理回収機構（RCC）」では、住宅金融専門会社（住専）や、破綻した銀行などから買い取った資産の管理・回収・処分などを行うとともに、下落した不動産などの不良債権を金融機関から買い取る事業も行っている。

さらに不良債権の処理を促進し、経営不振に陥った企業の再生をめざすため、二〇〇三年四月に官民の協力によって設立された「産業再生機構」では、再生可能と思われる企業を選別し、その企業向けの債権を主力行以外の銀行から買い取る事業を進めている。

現在、私たちのグループでは、全国各地で破綻した事業の再生に独自のスキームを持って取り組んでいるが、RCCの買い取り価格程度なら、誰がやっても採算ベースに乗るはずである。にもかかわらず、日本には金融アナリストや不動産鑑定士、保険経理士など、事業再生に関わる専門家が不足しているのか、能力不足なのか知らないが、もう一つ動きが鈍い。

そうこうするうちに、外資系の金融機関や機関投資家、年金資金などを主体とする外国資本などがどんどん流入し、相当安い価格で日本の不動産を取得し、通常の数十倍にもなる利益を得ているのが実状である。

私はそのことに強い危機感を持つ一方で、外資系の企業や金融機関の長所にも注目している。たとえば、日本の金融機関ではいまだに「不動産担保」に頼って融資する姿勢を変えていないが、外資系企業や金融機関では、特定プロジェクトの「事業性」を評価して融資する「プロジェクト・ファイナンス」が当たり前になっている。すなわち、融資に際して最も重視するのは事業主のプランニング力やオペレーション能力であり、事業の見通しや将来性さえあれば、担保があるかどうかは二の次なのである。

また、「決裁」のスピードについても、日本企業は外資系企業に大きく水をあけられている。たとえば、日本では役員会で重要案件が決裁されるまで数週間待たなければならないが、外資系企業では各プロジェクトの責任者に大きな権限が与えられ、上司に電話を一本かけるだけで瞬時に決裁される場合が多い。ビジネスにますますスピードが要求される現代、どちらが「勝ち組」になるか明らかではないだろうか。

私は三十歳を過ぎた頃からビジネスに限らず、日本はどういう国でこれからどうなっていくのかということを考え始めた。仲間たちと政治や宗教、教育などの議論を重ねるうちに、経済面ばかりではなく、日本社会全体にもひずみが生じているという見解を持つようになった。

たとえば、政府が進めている「規制緩和」にしても、二〇〇一年十二月に「規制改革推進三ヶ年計画」が策定され、一万件以上に及ぶ許認可権の見直しや「経済特区」の設定が行われているが、小泉首相は道路公団の民営化や郵政省の公社化を実現した程度で、その他の規制緩和がどうなるのか見通しが立たないのは寂しい限りである。

また、「グローバル・スタンダード」という言葉が一人歩きした結果、日本的な〝談合〟や〝根回し〟はすべて悪いと否定されたが、私は「世界標準」に基づく過激な自由競争が日本社会を本当に良くするかどうか、よく考える必要があると思う。

実際に、それぞれの地域や業界で議論を積み重ね、自分たちの「基準」に基づいて仕事を分かち合い、多くの公共事業に取り組んできたからこそ、現在のような社会インフラが整備され、高度成長が成し遂げられたわけで、それらをすべて取っ払ってしまえば、苛酷な〝弱肉強食〟の社会に変貌するだろう。

元々、日本では「株主」のためにだけ企業の業績を伸ばすのではなく、長期的な経営計画に基づく安定的な経営をしていく意識が強かったため、株式の配当をできるだけ低く抑えて、内部留保を厚くする経営が主流だった。

近年は「グローバル・スタンダード」の浸透により、こうした考え方は弱まってきたが、その発想自体は否定されるべきではないと思う。最近、某自動車会社のめざましい「再生」が取り沙汰されているが、その成功の陰に大量にリストラされた人々がいることを忘れてはならない。

企業活動のグローバル化や情報化、競争の激化に伴い、国際的なルールや基準が求められ、透明性や公平性、環境への配慮などが重要なことは認めるが、必要以上に厳しい競争社会に変わることにより、本来保護しなければならない産業や業界、高齢者や子供、障害者などの社会的弱者が生きにくい世の中になる危険性が大きいのではないだろうか。


高齢者と言えば、一九九七年に導入された「介護保険」によって高齢者は必要な介護サービスを受けられるようになった。それ自体は結構なことだと思うが、私はこれからの高齢者像について別の見方を持っている。

一般的に高齢者は人生からリタイアした人々ととらえているが、いま、高齢者と呼ばれている人々やこれからそうなる人々、とくに「団塊の世代」以降の高齢者は、定年後も元気良く働くことを望み、おいしいものを食べてお酒を飲み、恋も楽しみながら毎日を過ごすことになるだろう。

そんな私の予測を裏打ちするかのように、私たちのグループでは七十四歳の女性がまだ現役で働いている。話を聞いてみると、彼女はお金のためではなく「会社や社会への恩返しのつもりで働きたいので、勤めさせてください」と言う。楽しげに動き回る彼女のエネルギー源は、「人にあてにされて働く喜び」であり、体力的には若者に劣るかもしれないが、何十年も会社を支えてくれたパワーと情熱が若いスタッフたちの良い模範となっている。

人は人生においてさまざまな選択をしなければならない。ビジネスや事業においても同じで、その扉は他人に開けてもらうものではない。自分自身の志によって自分の手で開くものであり、その後、進むべき道も自分で決めなければならない。人生の成功とは、自分の決めた目標に到達することであり、自らの「夢」に向かって努力してそれを実現することが大切で、必ずしもお金持ちになることが成功ではないからだ。

しかし、万一失敗した時は原因が自分にあると考えなければならない。たとえ外的な要因があったとしても、失敗の責任はそれに関わった自分にも必ずあり、その要因を乗り越えることができなかったのは自分である。私の会社のスタッフの中でも優秀なチームリーダーは、客観的に見て、それは明らかに部下のミスであり、彼自身の責任の範疇《はんちゅう》を超えていても躊躇せず、「これは私の責任です」と謝ることができる。こういう人間は例外なく問題の解決能力が高く、同じ失敗を繰り返すことが少ない。当然ながら部下の信頼も厚く、人間的な成長も早いので会社から重用されるようになる。

本書で扱ったような「マニュアル崇拝」のウイルスに侵されていると、こういう話は理解できないだろう。これからの時代は、従来のようなビジネスの「常識」や氾濫する「情報」に惑わされず、さまざまな試行錯誤を通じて、自分の「原理・原則」を確立した者だけが真の勝者となるにちがいない。

それにしても、かつての日本人はもっと礼節をわきまえ、お互いに助け合って暮らしていたように思うが、今は隣の住人の顔も分からないような生活が普通になっている。

人々は「個性」を尊重し、自分の「個性」を売り物にしているが、これを裏返せば自分の利益だけを追求し、他人の利益を認めないということでもある。要するに自分をかわいがることしかできず、過《あやま》ちや失敗をすべて他人のせいにする社会が形成されているような気がしてならない。そのなかで、ろくに挨拶もできない大人や子供が多くなり、経済成長とともに高学歴化だけは進んだが、日本人としてのプライドが希薄な人間が増えてきたように感じる。

失業率は依然として高いが、本当に仕事がないのかと言えば、新聞や雑誌の求人広告を見ればいくらでも仕事はある。私たちのグループでは、多くの外国人留学生がアルバイトで働いているが、彼らはどんな仕事でもイヤな顔一つせず、むしろ喜んで引き受ける。最近は、アジア諸国のめざましい経済発展が報じられているが、働く意欲が低下した日本人が彼らに追い越されるのは時間の問題かもしれない。

これら現象の背後には、戦後、日本人としてのプライドを失った日本人が、自分たちの方向性を見失い、「日本人は悪い国だ。日本人はダメな民族だ。日本は立派な国ではない」と誤った考え方をして、誤った教育を広げてしまった後遺症のようなものが見える。

前置きが長くなったが、本書は私の〝人生の師?〟である中田昌秀さんとの交流から生まれた。中田さんと最初に出会ったのは三、四年前の大阪である。古いなじみのおでん屋に毎日通い、いつもカウンターで居眠りしている変なオッチャンがいたので、どんな人だろうと声をかけたら、いきなり川柳の本(『川柳日めくり〜七味川柳』)を渡され、「こんなもの書いてるよ」と言われた。読んでみると、なかなか皮肉がきいておもしろい川柳だったので話し込んでみると、彼は著名な放送作家(兼、作詞家)で、かつて私の父が経営していた『ローオンレコード』の仕事を通じて、父とも出会っていたらしい。

「なんだ、あの加藤さんの息子さんか」ということで仲良くなり、私と誕生日が同じだという縁もあって、年齢がちょうど二倍の大先輩にもかかわらず、今では自由にモノを言い合うお付き合いをさせていただいている。

中田さんは、七十歳を過ぎても女性が大好きな〝スケベ爺〟なのだが、食文化について非常に詳しく、関西を中心とするあらゆる歴史や文化・芸能にも深い蘊蓄《うんちく》がある。正直言って、事業家として見習うべき点はあまりないが、食を含むエンターテイメント全般に対するセンスはすばらしく、爆発的な瞬発力のある偉大なクリエーターだと思う。

今回はたまたま若い人向けに本を出すことになり、それならおもしろおかしく軽いノリで、現代のビジネスマンを侵す無用な病原体（ウイルス）を明らかにし、ウイルスが蔓延《まんえん》する海を泳ぎきるにはどうしたらいいか。その処方箋（ビジネス・ワクチン）を提供しようと、中田さんに共著をお願いしたところ、快く引き受けてくださった。

本書は私が提案した四十五のテーマについて、二人であれこれ話し合いながらまとめたもので、冒頭に私の「ビジネス・ワクチン」を置き、中田さんのエッセイに続けて実際のビジネスに役立つヒントを掲載してある。

「あとがき」に中田さんが書いているように、関心を引く項目から読んでいただき、今後のビジネスライフの参考にしていただければ幸いである。

感謝

この本の出版にあたり、多大な御協力を頂いた方々に心より御礼申し上げます。特に私の実弟である加藤総合開発研究所の加藤誠三朗氏、同所の奥野律子女史、私のアシスタントとして秘書業務を担当してくれている青砥君、松田君、古くからビジネスパートナーとしてお世話になっているキングストン広告社の青木氏、元就出版社の浜社長には特にお力を頂きました。

そして何よりもこの本のパートナーになって頂いた中田先生に心より感謝致します。

中田先生は七十一歳を超えてますます御活躍ですが、いつまでもお元気でこのエネルギーを維持し、私に色々ないいことだけを教えて頂きたいと思います。

最後に、この本を御購入頂いた方々にも御礼申し上げます。

全ての皆様の幸福を祈念して。

〈カトープレジャーグループ代表取締役〉加藤　友康

日本ビジネスマン・ウイルス——目次

日本ビジネスマン・ウイルス

無能性マニュアル依存症

【ビジネス・ワクチン】

臨機応変のきかないマニュアルは必要ないが、臨機応変がきく人ならマニュアルは必要ない。

「お客様、お目覚めになりましたか。機内食の時間でございます。和食と洋食がございますが、どちらになさいますか」

「それは有難い。和食にして下さい」

「お客様、あいにく、只今、和食を切らしております」あとはマニュアルにない一悶着がおこるだけである。

「お客様いらっしゃいませ。まずお飲物から伺います」最近流行の居酒屋の応対マニュアルである。

「僕はビールしか飲めないので」帰り際、こういう者だがと名刺を出して、この名前で領収書をと依頼する。

翌日、「昨日はどうも有難う。××です」

「お客様いらっしゃいませ。まずお飲物から伺います」「僕はビールしか飲めないので」

次の日も、お客様いらっしゃいませのマニュアルは変わらない。五日同じ対応がつづけば、恐らくそれ以降、その客は他の店を探すことになるだろう。

客は名無しの権兵衛ではない。昔の飲み屋は、まずお客の名前を覚えることから教えられ、ついで酒の好みを覚えた。自分の名前と好みを覚えられて気分の悪い人間はいない。常連になる。

最近の若者向け居酒屋は従業員の定着率が悪いためか、AがBに代わってもCに代わっても対応できるようマニュアル化しているのだそうだ。

某企業の社員教育、新人社員向け対応マニュアルに、名刺の渡し方というのがあった。

（自分の名刺は相手の手許に向けて差し出すこと）とある。馬鹿馬鹿しい。どこに新人とはいえ、名刺を相手の鼻先へ突き出したり、股座目《またぐら》がけて差し出す奴がいるもんか。そんな社員を面接で合格させたのかい。

今の若者がマニュアル世代であることは分かるが、どこか狂っている。それはマニュアルを作っている大人の貴方がである。社員教育を専門にしている人がいる。人の商売にケチをつけるつもりはないが規格ずくめである。馬鹿も賢いのも一律だ。それぞれ会社にはカラーや方針があるはずだが、よそと一緒でいいのかどうか。今、会社の社長をしている人で、社員教育を受けたことのある人が何人いるかである。

今の子供はなってないというが、近所に煩《うるさ》い親父がいなくなったこともある。むかしは会社の先輩が教えたことが、その会社のマニュアルであった。他人のことには構わない風潮が、今マニュアル業を支えている。

マニュアルは基本であるが、ロボットに基本動作を教え込むのと同じ扱いをしている。幼児にものを教えるように一人前の若者に教え込むことがマニュアルなのだろうか。

何かというと、「マニュアル通り、やっていますか」という貴方。

「はい、マニュアル通りです」「でも、お客様が怒ってらっしゃるのはなぜでしょう」「ではどうすれば良いのでしょう」「マニュアル通りすれば良いのです」これでは押し問答である。

解決しない。

「マニュアルには、適切な処置をすると書いてあるでしょう。適切な処置をしましたか」

適切とはどういうことかは、マニュアルには書いてない。逆に言えば、その時々に適切な処置が出来ればマニュアルなど要《い》らない。口先だけ「ヨロシク」では、相手に気持は伝わらない。

貴方はマニュアルを連呼する前に、適切という常識を若者に教えることが大事なのである。対応する相手は千紫万紅、マニュアルだけでは対応できない。マニュアルは個性を抹殺する。

『マニュアル』

茶道の世界は、所作がほぼ統一されています。亭主は出迎えからお見送りまで一挙手一投足が決まっているので、毎回同じような動きでお客様をおもてなしします。ですが、亭主はお客様にご縁のある茶器を使用したり、何かのメッセージをこめた茶花を飾るなどして、ありとあらゆるところにお客様を喜ばせる工夫をします。

私はビジネス界のマニュアルを否定しません。ですが、マニュアルを遵守《じゅんしゅ》することが仕事だと勘違いされると、私たちは仕事を失ってしまいます。マニュアルに従うことは基本ですが、それにほんの少しの香りをつけ発展をさせなければ、お客様は喜んでくださいません。

慢性販促症候群

【ビジネス・ワクチン】
特効薬はない、脳ミソを休ませろ。

昔の商売の方法はほとんどが訪問販売である。しじみ売りも薬売りもそう。江戸時代の呉服の販売はお客の屋敷に出向いて反物《たんもの》を持ち込み、とにかく置いてくる。それを後ほど、番頭、手代といった営業担当者が「如何でございましたか」「お似合いでございますよ」「値引きいたします」と販売促進に出かけるのが通常で、その後、再々代金の回収に訪れるのであった。

これを店頭販売、現金正札掛値なしという革命的な販売方法で実践したのが三越の前身越後屋である。

客をいちいち訪問する手間と時間を省略し、素早い代金回収によって生じた利益で屋号いりの雨傘を大量に用意して、神社仏閣をはじめ人の大勢集まる場所で雨が降ると無料で貸し出してくれた。返さなくても良い。次に雨が降れば、その人は屋号入りの雨傘を差してくれる。店の宣伝になる。

つまり、これが今でいう企業販促の一つの手段といえた。

大丸ではそれに対し、同じく神社仏閣等の手洗いに屋号入りの手拭きを大量に寄贈した。持ち帰り自由。これも企業宣伝、反物の販売につながった。

平賀源内は土用の日に鰻《うなぎ》を食べるという鰻屋の販促を成功させたし、寿司屋は節分に恵方《えほう》を向いて巻寿司丸かぶりという販促を成功させた。

近代に至ってはバレンタインデーにチョコレートを好きな人にあげるという業界全体の販促としては大ヒットの企画もある。

以降、目ぼしいものは見当たらない。

販促こそ売上増進の最大戦略と信じている人は、江戸時代に考えられた知恵を超えるものがないことに気付かなければいけない。

三百年以上前からやっている方法を近代マーケティングが真似てなおかつ届かないのは、発想の貧困としか言いようがない。新しい発想がないのである。単に我が商品だけを売ることに固執している馬鹿と言わねばなるまい。

販促いのちの貴方の力作DMは、郵便受けからゴミ箱へ直行しているのをご存知ですか。そのDMの末路を確かめず、今日も大量に発送することに生き甲斐を感じているとしたら、資源の無駄使いである。

見えすいた販促に、客は飽き飽きしていることを知って欲しい。タイガース優勝は阪神百貨店にとっては最高の販促であったが、これは毎年というわけにはいかず、十八年に一度じゃ商売にならない。ダイエーは日本一になったお陰で球団を売らなくて済んだ。優勝セールのお陰だろう。

言い過ぎかも知れないが、どちらもおまけが本体を救ったのである。プロ球団は最高の販促手段の割には今まであまり投資が少なかった気がするが、これで目が覚めたに違いない。

最近、飲料水メーカーがペットボトルにおまけの人形をつけている。単なる工夫のない人形戦士は集める気にもならない。グリコのおまけの真似をして超えられない。改めてグリコはすぐれていたと思うだけである。

販促はこうあるべきだという常識は要らない。何百年も続くものもあれば、今日しか駄目というのもある。ルールがあってないのが販促だということになると、貴方自身の居場所もはっきりしないのである。

『販　促』

販売促進活動は、ひとつの商品で一度だけするというのが基本です。一度利用していただいて、それが良い商品であったら、お客様は必ずもう一度、足を運んでくださいます。

販売促進に力を注ぐより、自社の商品力を高めることに力を注ぐことが必要な場合があります。

複雑性コンセプト障害

【ビジネス・ワクチン】
カンという摑《つか》み所のないものを大切に。

イメージでは漠然としている。イメージに意味づけを行なったのがコンセプトである。笑い話になるが、極寒のイヌイットに冷蔵庫を売る場合、「モノを入れると凍らない箱」というのがコンセプトである。

本来の商品の目的よりコンセプトで売れる場合がある。例えば歯磨きは虫歯予防が本来の目的だが、それをスモカ歯磨きは、タバコ飲みの歯磨きとしてヤニを取り白い歯になることを強調して成功した。心理的な価値を高めたのである。

セックスアピールを売る下着もあれば、ファッション性を売る化粧品もある。

男は黙ってサッポロビールと男らしさをビールが強調した。

アルコール分があるからこそビールなのに、飲酒運転取締強化はビール風ノンアルコール飲料の需要を伸ばした。警察のおかげといえる。

サービスは奉仕である。人間の労働力は形としては存在しない。この無い形を商品として成功させているのが宅急便である。

ゴルフ宅急便は山奥までバックを取りに来て、旅先なら本人より先に荷物が家庭に届く。郵政省などの役所では出来ない民間の成果である。

携帯電話にカメラがついた。最初は遊び半分にしか利用されていなかったものを利用者が色々に使い始めた。例えば不動産屋では、こんな物件ですと電話をしながら写真を見せるのである。百聞は一見に如《し》かずを地で行っている。最初、誰がこれを予想してカメラ付きの携帯を考えただろうか。妻に頼まれた買い物を、夫はこれで良いかいと写真で見せる。需要が増えてカメラ付きはますます増える。

アイディアとコンセプトは切り離せない。

コンセプトという言葉を使っていると、何故か格好よく聞こえるところに落とし穴がある。「コンセプト、コンセプトって何よ」と彼女に聞かれて、相手に理解できるように説明することは難しい。辞書には概念とあるが……。

アイディアは思い付きであり、コンセプトはそれを分析したものと思えばよい。今政治に足りないのはコンセプトである。マニフェストも大事だが、庶民の心を摑《つか》むにはアイデアとコンセプトが必要である。流行とか人気とかいうものを、政治家は欲しいくせに馬鹿にしたように見せるが、大衆を相手の仕事にこれを忘れては成り立たない。なぜ流行《はや》るか、なぜ人気があるか、それは現代をその人か物かが摑まえたからである。ここに気が付けば政治も面白くなる。

作家になるための文章講座を読んで作家になった人はいない。発想法という本を百万遍読んだからといって発想は浮かんでこない。

発想とは、過去の経験や現在の観察とかを総合した中での着眼点から生まれるもので、貴方にそれが備わってなければ現実性にとぼしい空想に近いものしか生まれて来ない。

成功するアイディアは、発想に企画力と行動力がともなって出来るものである。

独創的なアイディアこそ貴方の求めるものであるが、独創的であればあるほど、それは常識を超えていると言うことで、まったく商品として売れない可能性も秘めているといえる。

これを売れるものにするのがコンセプトだが、貴方にその力量があるかどうかが問題となる。

『コンセプト』

以前拝見した公共事業の事業計画書には、なんと十ページにわたって、地域経済発展のため、雇用促進のため、老人福祉のため、青少年育成のため、次世代のため云々《うんぬん》とコンセプトが二十項目以上記されていました。これを言っていたら、事業の本来の目的が見えなくなってしまいます。

これは事業の肝《きも》です。老人の方々に喜んでいただきながら、次に生まれてくるお子様にも喜んで頂く事業は、容易《たやす》いものではありません。夢や目標と違って、コンセプトとは常にこれを原理原則として事業を営まなければならない事柄ですから、実現できることだけにしなければなりません。

プレゼン症候群

【ビジネス・ワクチン】

言葉は雲、実行は雨である。しかし雲を見て雨を知ることができる。

広告の企画なり販売の企画、イベントの企画などをはじめ、事業計画などまでを提示提案すると同時に、その計画をクライアントに説明する作業をプレゼンテーションと呼んで、これが仕事を任されるかどうかの重大な会議とされている。

プレゼンテーションで勝負が決まるともいわれるだけに、プレゼンテーターの責任は重い。

プレゼンテーションを受け持つ人は、どちらかというと口八丁筆八丁の文科系の人である。相手企業に対して、その企画の論理構成を巧みに組み立てて文章で上手に表現するという作業をしなければならないし、同時にそれを会議の際、出席者に要領よく説得するテクニックが要《い》る。

経営学の学者が会社の経営をすれば、その会社は万全かというとそうではなく、案外、赤字で潰《つぶ》れたりするものである。

頭で考えることと、実際に手を下して作って行くことがピッタリと一致することなんてまずない。

設計者と工務店、デザイナーと縫製業といった分野では、それぞれが役割を自覚している。極論すれば、設計者が自分で釘を打った方が上手《うま》く行くなどと考えないし、脚本家か自分が演じた方が上手だとも考えない。

ところがプレゼン屋は時々、俺がやった方が上手く行くのにと考えたりするのである。

プレゼンテーションにおいて、その才能がすぐれていることは万人の認めるところだが、それを実行することは別の問題である。プレゼンテーションとは、他人の褌《ふんどし》で相撲を取る案を考えるだけでなく、他人の褌で他人に相撲を取らせて懸賞金だけは頂こうとすることである。こうしてこうすりゃこうなると知りつつ、こうしてこうなりますよと述べる役目を持っている。

私もその才能は一人倍あると思い、あちこちで成功もしてきたが、実際は自分の会社を潰《つぶ》していているんだから、あまり信用は出来ない。そしてこの才能は、他では役に立ちそうにないところが残念である。

プレゼンテーションが終わって、その案が取り上げられたら、実はプレゼン屋はもう用無しなのである。

だが、武士の情けでそうは言わないだけのこと。プレゼン屋はプレゼン屋として最大限の能力を発揮したし、これからも発揮して貰《もら》わなければならないのだけれど、これからは最大限ではなく最小限にして貰いたいと思っているのが本音である。

プレゼン屋が文科系とすれば、実行部隊は押忍《おす》の体育会系である。

体育会系の連中は、文科系のプレゼンテーターに実行力のないことを知っているが、プレゼン責任者は往々にして現場の指揮をとりたがる。自分が考えた案であるから、自分が一番良く知っているという自負心からである。

芝居で作・演出というのがある。作者が一番良く知っているから良いという場合もあるが、それでは作を超えられない。違う人間が演出して作者以上のものを引き出すことが出来るのである。もちろん、その反対もあるが……。

プレゼン屋の間違いは、プレゼンテーションをしている時に自分が主役のように勘違いしていることである。プレゼンテーションの主役は実は、聞き役であるということに気がつかなければいけない。芝居の観客とはまったく異質の、欠点だけを探している批判者でもある。

『プレゼン』

クライアント様が私たちを信用していただき、初めて仕事を頂戴《ちょうだい》することができます。当然、ご法度《はっと》は〝ウソ〟です。できないことや根拠のないこと、理想をこの場で振りかざすことはできません。もちろん簡単に見透かされます。だから私たちは、新規案件に対して細部まで検証をします。

それで揺るぎない自信を持ってクライアント様の前に立ちます。一〇〇〇＋一〇〇〇は？の質問には、〝二〇〇〇〟とその場ですぐに自信を持って答えることができますが、一〇〇〇×一〇〇〇は？　と聞かれたら、一瞬、間が空きませんか。この一瞬で、仕事を失ってしまうのです。

私は『はい』ひとつで仕事を頂戴してきます。多少プレゼンが下手でも、最後のクライアント様の『できますか』の質問に、私は間髪入れず……。

マーケティング依存症

【ビジネス・ワクチン】
あなたにはないアイディアを誰かに借りること。

「どんなお仕事をされていますか」と聞かれて、「マーケティングの仕事をしています」と言う。もう少し詳しく聞くと、スーパーで商品を並べ替えたりチラシを作ったりしているという。

昔なら「市場に勤めています」ですんだことだ。横文字でいうから中身が分からなくなったが、要するに商《あきな》いをしていますということである。魚屋の親父が一人でやってたことを、理屈をこねてややこしく言っているだけだ。何の役にも立たないとまでは言わないが、威張るほどのものじゃないと言いたいのだ。

日本でのマーケティングの認識は販促、宣伝、イベント、市場調査等が主で本来のマーケティングの一部でしかない。マーケティングとは、コンセプトから商品開発、流通等の流れをマネージメントすることのはずである。

スーパーマーケットの野菜売場でキャベツ、大根、葱《ねぎ》等を定位置に並べれば、消費者にとって便利ではあるが、これをマーケティングとはいわない。それに一つ一つ札を立て、朝掘り筍《たけのこ》ですとか、産地直送とか目立つ細工をして初めてマーケティングの真似事といえるのである。

FMで、見えるラジオというものを企画した。デジタルの信号文字でニュースや天気予報を見せる仕組みだがいっこうに人気が出ず、とてもラジオが売れるまでには至らない。ところが、「某タレントが何月何日にどこそこに現われる」という芸能ニュースを送った途端、見えるラジオが二百万台売れたという話である。

不況で物が売れない。安くすると売れると思いがちだが、百円うどんを見てみよう。ぶっかけ百円に好きなものを色々トッピングすると、結局七、八百円になり、そこらのうどん屋よりも高くつく。

だが、欲しい物を乗っけたのだから客は納得している。もともとそのくらいの金は持っているのだ。需要を作り出すことがマーケティングである。

パソコンとコピーの発達で、印刷業界は駄目になると言われたが、分厚いパソコンの取扱い説明書の印刷で、業界は好景気の成長産業となった。

エレクトロニクス化でペーパーレスの時代が来ると言われたが、コンピューターの普及で、プリントアウトするための紙やＦＡＸ用紙で部屋中ペーパーだらけである。逆に需要を作り出したのだ。

ロボットが発達すれば人手は要《い》らなくなると思いがちだが、ロボット製造のための人手が必要になるのである。

マーケティングリサーチは、消費者の需要に適した効果的で収益性の高い販売方法を見つける試みなのだが、まだ科学として確立されていない分野である。

どんな場合でも価格設定が最重要課題であるが、サラ金の利子は不当に高いと思うのに、需要者の多いことを見ると、切羽詰まった需要でも価格を決定する大きな要因となる例だ。

そんなことを総合してみると、貴方もマーケティングの専門家とは名乗り難く、マーケティングの中の市場調査を得意にしているとかに言い代えねばなるまい。

それはそれで認めよう。でも、商品が作られ売れて行く中での足許の不確かな分野の専門家であることを自覚して、自慢したり威張ったりすることは愚かだと知るべきである。そして、マーケティングを一般論として捉えず、独創的なアレンジを加えることを心がけて初めて専門家といえるのですがね。

『マーケティング』

事業を成功させるには、緻密なマーケティング、的確なコンセプトワーク、確実なオペレーションが必要です。その中でマーケティングは、起業する際に行なう最初のアクション、事業の根幹を担う重要な役割を持ちますが、あくまでもこれは過去事例の参考資料であることを忘れずにいないといけません。

ですが、スーパービジネスマンは、この資料を基にノーマーケットからニューヒットを見出します。

習慣性接待

【ビジネス・ワクチン】

仕事を忘れて飲め。

日本独特の接待文化というものがある。
お座敷が生み出した文化である。
お客様の席順から、料理、酒を出すタイミング、芸者の踊りに至るまで、一応のしきたりが確立されており、これをマスターしていなければ、接待係はつとまらなかった。

接待をするということは、ことほど左様に難しいもので、相手に酒を飲ませ、女を抱かせりゃすべて良しという単純なものではない。

接待によって仕事をスムーズに運ぶということもあるが、それは第一義のように見えて、実は第二義的なものである。

貴方が相手との人間関係を結べるかどうかにかかっている。

人間関係がうまく行けば、当然、仕事もうまく行くのである。

つまり接待というのは、同時に人間観察の場として双方がそれを利用しているといっても過言ではない。

接待の場所も難しい。一人座っただけで五万円もするクラブへ連れて行けば相手は、自分との取引でこれほど儲《もう》かるのかと思うし、逆に安いスナックへ連れて行けば、自分をその程度にしか思っていないのかと勘違いをされたりする。

飯を食っただけで、「ではこの辺でお開きに」となると、その程度のつき合いで終わるし、とことん相手がへとへとになるまで連れて歩くのも考えものである。私は以前、接待こそ命という仕事をしていたことがある。人から見ればうらやましい限りだが、毎日酒びたりで当の本人はたまには休みたいと思うほどである。

接待場所として特上、上、並と三ヶ所決めていた。特上はこちらが緊張する相手、上は仕事をくれる相手、並は得意先だが親しくなった相手と分類をしていた。接待場所の条件は、そこのママか女将《おかみ》が当方の意を汲《く》んで接待してくれるかどうかにもある。接待には店も身内感覚に取り込むことも大事である。

まず仕事ありきという接待ではなく、その人を如何《いか》にもてなすかの気持を優先させる必要がある。

接待の目的は、ご苦労さんでしたという慰労もあれば、親交を深めること、商談をまとめる、誤解をとく、会社の上司を紹介すると色々だが、結論は相手が楽しかったという時間を作ることがもっとも重要である。

仕事の話も程度問題で露骨に持ち出さず、「この問題は日を改めまして」と切り上げる場合もあれば、重要な話は酒の入らぬうちに軽く切り出し、話の進み具合では場所を代えることもある。

接待だというとヤケに喜んでいる貴方は、接待のプロを任じているけれど、お客様の名を借りて自分を接待していることが多い。

惚れた女のいる店へ行って、一人で来た時の分を上乗せしたり、見え見えである。

「接待ゴルフ、日曜も仕事ですよ」と言葉はうんざりしているようだが、顔はニコニコ。会社の支払いで好きなゴルフが出来る。

酒は飲まない。ゴルフもしない。マラソンが好きというお客様とお付き合いが出来ますか。出来れば立派。

仕事のために接待している人はプロとはいえない。如何に相手をもてなすかが大切で、仕事はそれに付随してくるものである。

見ない振りをして相手の一挙手一投足に気をつけながら、自分を楽しんでいる振りをする接待は難しい。

『接　待』

仕事上で、お取引先様をおもてなしさせていただく時がありますが、その逆もあります。ビジネスでは親密な関係をつくり、お互いを知り合うことが重要です。まったく知らない人が良い話を持ってきてくださっても、ハイと、一億円預けるわけにはいきません。

職場から離れて飲食をともにしたり、スポーツに勤《いそ》しんだりすることで心を交わします。ビジネスの内容だけでは仕事を決められない。個人的主観をおおいに入れます。

接待のイメージを悪くしているのは誰でしょう。

多会議衰弱

【ビジネス・ワクチン】
朝メシ前に開く。

朝から晩まで会議をしているのは国会である。彼らは会議が仕事である。会社が会議ばかりしていたら潰《つぶ》れてしまう。スムーズに仕事をするために会議を開く。
ところが、会議を開かないと仕事に入らない人もいる。何かというと、ミーティングである。会議好きといおうか、会議命《いのち》の上司である。テレビ番組では、ブレーンストーミングという会議をやることがある。

いわばスタッフ会議で役職の上下、職種に関係なく議論するが、営業や編成、代理店が加わることもある。しかし、スポンサーはまず入らない。なぜなら発言力が大きすぎることもあれば、顔色を見たりすることになりがちだからで、そういう人がいると自由な意見交換が出来ない。ところが会社での会議は、いつもそんな人が中心で開くからお座なりの意見しか出ない。

ワンマン社長は会議をしない。しても、それはセレモニーに過ぎない。俺一人で決めたんじゃないぞ。皆で決めたんだから、お前らも頑張れよというハッパのかけ方である。

普段ミーティング好きの人は、自己主張できない淋しがりやの人や、自分の考えを他人に賛同してもらいたい人がほとんどだが、時には自分の考えがまとまらず、判断を他人に委ねようという場合もある。

もちろん、ミーティングの重要性は認める。だが突然、思い付きで開かれるミーティングの価値はきわめて低い。

ミーティングをするためには、それなりの資料や出席者の理解が必要である。ところが、会議好きの主催者は、そんなことより自分の独演会をやりたいだけのために開く。

独演会は、途中で邪魔が入らぬよう携帯電話の電源はＯＦＦを命じる。お客様は、デスクに電話をかけてくる。

「只今、会議中ですので……」と相手にお断わりを入れるが、急用の相手はイライラして怒る。

「会議、会議中って何のために開いているんだ。売上げ増進？　どうしたら儲《もう》かるかの会議だろう。私は今、君の会社に儲け話の電話をかけているんだ。会議馬鹿と言っといてくれ！」

お客を一人失った。会議による新しい提案はゼロ。会議ゴッコの成果である。

だからといって会議中、電話や訪問者で中断ばかりじゃ会議が成り立たない。痛し痒《かゆ》し。これを解消するには、如何に会議の時間を短くするかなのだが、独演会の時間は短くなる。痛し痒し。会議の人数は多いほど民主的だ、なかなか意見がまとまらない。痛し痒し。

会議の多数決というのは、注目すべき少数意見を切り捨てる作業である。しかし、関係者の集まらない会議は意味がないし、関係のない者が参加すると、彼らの発言で会議が長引く。

立ち話なら三分で済むことを、会議を開くと、準備を入れて半日仕事になる。コストの浪費としかいえない。意見を聞くなら書類をまわせば済むし、連絡ならメモで良い。

貴方が会議ゴッコをする理由は、ほとんど貴方のためである。独裁的と言われないために、自分がリーダーであることを知らしめるためや、自分の手柄になる意見を出させるためである。全員一丸となるムードを演出することも含まれる。
ただ、会議で出た意見はほとんど潰されるし、本当に良い意見は、会議が終わってからしか出て来ないものである。

『会　議』

平均月収三十万円のメンバーが毎週一回二時間の会議を二十八で開くと、一ヶ年に会議のために費やす人件費は約三百三十万円です。人件費は仕事量の約三分の一倍が目安です。つまり、会議によって売上げ一千万円分の効果を上げていなくてはならない計算になります。
会議の資料作りにも時間はかけていることでしょう。ですから、形だけではなく、有意義なものにしなければなりません。かならず自分なりの答えを持って、会議には参加するべきです。

逃げ腰性リスクヘッジ

【ビジネス・ワクチン】
心配するな、病気じゃない。

リスクヘッジという語源は、ラテン語で勇気を持って試みるという意味から来ている。ポジティブな意味であり、虎穴《こけつ》に入らずんば虎児を得ずなどに当たる。つまり、重要な仕事には危険がともなうよ、ということでもある。逆に危険なしに手にはいるものは、重要なものではないともいえる。

原子力発電は危険が一杯である。その危険を避けるために、もし故障した場合のことを考えて、危険防止の歯止め装置がある。しかし、その装置が働かなかった時は……と、二重三重のリスクヘッジが作動するようになっている。

そこまでしなくともと思うほどの仕組みを用意している。にもかかわらず事故は起きる。事故が起きてみると、何だ、そんなところに落とし穴があったのかと気づく。対策というのは、事故が起きてみて欠陥が初めて分かる。今度こそ大丈夫と対策をするが、残念なことに同じ事故は起きず、何だ、そこにあったのかと、アトで気のつくのである。

事故とはそういうモノで、対策は事故が起きないとできないのである。あらゆる危険回避をしても、なおかつ事故は起きる。一〇〇%安全なものではない。飛行機は滅多にないが、落ちることがある。それが嫌で飛行機に乗らなければ海外へは行けない。家で寝てたって突然、トラックが飛び込んでくることもある。

この世に絶対なんてない。あるとすれば、貴方がいつか必ず死ぬということだけだ。飛行機事故で死んだ人より、車の事故で死んだ人の方が遥かに多い。でも車は地に着いているが、飛行機は地に着いていない。人は確率よりも不安定さを嫌う。

だからといって、それを恐れていては進歩はない。失敗は成功の母、一つの失敗は次の成功を約束するのである。

その失敗が人命に関わることだからこそ、原発のミスは問題にされるが、そうではない失敗なら、それを重ねるごとに成功が近づいたと喜ぶべきである。

貴方は失敗を恐れ過ぎて、その対策ばかりに汲々《きゅうきゅう》としている。

ＫＯ負けを恐れていてはＫＯ勝ちはない。ＫＯ勝ちの多いボクサーほど人気が出る。マネーにつながる。いつも判定勝ち、判定負けのボクサーに魅力は感じない。

いかに倒されずに倒すか、そのリスクヘッジは練習である。納得いく練習をした結果なら、負けたって良いじゃない。再挑戦する機会だってある。

チャレンジしなければ、負けることはない。その代わり勝つこともない。失敗を重ねるうちに、成功するコツが分かってくる。しかしそれも程度もので、それがクセになってはならない。毎回、生命がけで挑戦することだ、生命がけっていったって、本当に生命を取られるわけじゃない。

投板回数が多い投手ほど勝星は多い。当たり前の話である。それに比例して、負け星も覚悟しなければならない。

負けるのが厭《いや》なら、投板しなければ良い。でも、それだけではピッチャーとはいえない。ビジネス戦士である貴方は、もっとチャレンジしよう。リスクヘッジばかりを考えていると、その考え自体がチマチマしたものになる。

見逃しの三振は一〇〇%ヒットにならないが、空振りの三振は、万一当たればホームランになる可能性もある。可能性にかけよう。

『リスクヘッジ』

企業がここでもう一歩伸びるためには、事業の根幹を揺るがすようなことをしないといけません。経営者は新規事業を立ち上げることがリスクヘッジだと考えますが、サラリーマンは今の事業でもそこそこ利益は出ているのだから、新規事業は危険であって、現状維持こそがリスクヘッジだと考えるでしょう。

何がリスクなのか。この捕らえ方に経営者とサラリーマンの大きな差が生じます。恐れてばかりいることはできません。命までとられることはありません。

先天性コンプライアンス依存症

【ビジネス・ワクチン】
小児用を飲むこと。

「朝、昼、晩一日三回、食後に服用して下さい」
「朝を抜いた時はどうするのでしょう」
「昼だけで良いです」
「夜は仕事の都合で夜半になるのですが」

「まァ、そこは貴方の判断で」

「薬のことですから、心配なんです」

こんな人は、医者も有難迷惑の正確服従馬鹿である。

明朝十時頃逢いましょうと言われ、頃とは何分前から何分後までと聞く人がいる。デジタル時計に十時頃というのはない。十時三分二十五秒ときっちり時間を表示する。アナログ時計では、十時三分二十五秒は十時頃の範疇《はんちゅう》に属する。

このグレイゾーンを許せない人が、コンプライアンス馬鹿といえる。

グレイゾーンは、あいまいといえばあいまいだが、この世にこのあいまいがなくなっても堅苦しい毎日となる。

「どちらまで」「ちょっとそこまで」「それは結構」まったく会話としての意味はないが、ちゃんと成立している。世の中円満である。

「そこまでってどこですか」「知り合いのとこ」「どんな?」「学生時代の」「何の用で」となると、そこまで言う必要はないだろうと喧嘩になる。

会社でも、言われたことを正確に守る。いや守り過ぎる人もいる。

「ホテルで会合があります。会社で待っていて下さい。何かあったら電話を……」

上司はホテルから直接家に帰ったが、部下は朝まで会社で待っていたという。

「何かあったら電話をと言ったはずだが……」

「しかし、何もなかったので……」イライラするが、間違っているわけではない。

気が利《き》かなかっただけである。気が利くというのは、相手がこうしたいだろうと先を読むことにある。

でも仕事に関していえば、気を利かされても困る場合がある。そうじゃなかったんだと言われても、引き返せないこともある。どちらかといえば、女房以外は女性の方が言いつけを正確に守る。男はしばしば自分で判断をする。「マッチないか」といえば、女子社員はマッチを一所懸命探してくれる。だが、男子社員ならさっとライターを出す。ところが、ライターは耳掻きの代わりにはならない。この延長線上にある所謂《いわゆる》思い込み判断が重大なミスを呼ぶことが多い。

ところが、時にはその判断が役に立つこともある。その比率十分の一。自分で判断するのは、自分で責任が取れるようになってからにすることだ。

四角四面で、少しでもあいまいなことが許せない人がチームにいると仕事が進まない。お役所仕事がそうである。少しの不備も認めない。それで仕事が遅れても、その人にとっては関係ないのである。

完全主義というのでもない。言われたことを正確に守っているだけ。命令した方にすれば嬉しいような悲しいような気持である。といっても、守らなくて良いのだとは今さら言えない。

そこを何とかすれば良さそうに思うのだが、何とかは出来ない性質だから仕様がない。そうそう。そこを何とかという表現は、英語にはないそうである。

『コンプライアンス』

企業における流行言葉で取りざたされています。企業によってはコンプライアンス委員会やコンプライアンス部ができています。

資本主義下における自由競争と倫理観の狭間にビジネスの旨味《うまみ》・醍醐味《だいごみ》があるのですが、四角四面主義の下では狭間が生じません。

商道徳で守られていた日本式社会が、グローバルスタンダードという名の下に、アメリカ式になってきました。アメリカ人に、『わび、さび』が理解できるのでしょうか。

人件費衰弱

【ビジネス・ワクチン】
まず貴方が必要かを考える。

百均と呼ぶ百円均一ショップが大流行である。最近では八十均・五十均というのまで現われた。どう考えても、今までの常識では、とても百円では買えなかったものも買える。では、今までの値段は不当だったのかどうかというと、そうではない。

人件費を安くあげた結果である。人件費の高い国内で生産せず、韓国、台湾、中国、そして東南アジア等、人件費が格安の国で生産させる。

多少、製品は雑になるけれども、それで充分需要があり、採算がとれるのである。

つまり、日本では商品に対する人件費のパーセンテージが高過ぎるという証明である。

もちろん、百均商品だけではない。洋服も家具もすべてに同じことがいえる。

各メーカーが競って近隣諸国に工場を移すのは、そのせいでもある。

企業の死命を制するのが人件費であることは、日本がまだ人件費の安かった昔からのことである。

或る商人が店が赤字なので考えた。節約もしたが、これ以上は無理である。店を見渡すと丁稚《でっち》が目についた。そうだコイツをクビにしよう。大飯を食うわりには利益につながらない。

丁稚はいなくなったがやはり赤字だ。そういえば番頭も無駄だな。番頭もいなくなったが、赤字がつづく。

うーん、首をひねった。よし女房にヒマを出せば、その分、節約できる。というわけで結局、主人一人だけになった。これ以上の経費の節減は、といえば自分しかいない。そうだ、自分が辞《や》めれば良いと店を辞めたという。

笑い話だが、コスト削減イコール人件費の切りつめを考えるとこうなる。

だが不景気になると、企業では経費削減の方法として、広告宣伝費や交際費と同列に、いわゆる社内合理化の一案としてリストラが浮かんでくる。

水商売で、「客は器に合わせてくる」という格言がある。どんなに美人ママがいようと、腕ききの板前がいようと、小さい店には、店に合わせた人数の客しか来ないし、従業員が一人の店にはそれなりの客、十人の店にはそれ相応の客が来るということである。ヒマだからといって、人員整理にばかり目を向けていると、従業員の士気に影響する。

特にサービス業は、人件費が仕入原価である。コストを下げようと仕入れを値切ると、たちまち売り上げに影響する。人間のいけないところは気分で働くことである。だから気分に乗せて働かせることを考えればいい。

ロボットは気分では働かない代わりに、煽《おだ》てにも乗らないし融通が利かない。また仕事を終わって一杯飲みながら、明日はもっと頑張ろうなんてこともない。ロボットは文句は言わないが、故障という休憩をする。

人間には、一人一人パワーがある。そのパワーをプラスに作用させるか、マイナスにするかである。何かというと、人件費コストばかり考えている人は、人間の持つパワーを忘れている。

近隣諸国の人件費は、人間を機械と同様に扱っており、それはいずれロボットにとって代えられる。
本当の人件費とは、人間が人間の才能を駆使してのものである。
社内コスト削減には限界があり、外の利益は無限なのだから、内への努力を外へ向けよう。

『人件費』

人件費が高騰しています。生産業の中心は、中国など人件費の安い地域へと移っています。日本の産業も弱まり、完全失業者三百四十万人、失業率五％台という数字は将来を悲観させるものです。

しかし、現場には六十五歳を過ぎた方で、時給が安くてもいいから雇ってくださいという方が大勢来ます。簡単な仕事内容なら、こちらもそれはありがたい話です。

しかし、諸々の基準で、その方を時給五百円で雇用することは容易ではありません。国に雇用を保証されている方々に、この苦しみをお分かりいただけないことが悲しいことです。

学歴アレルギー

【ビジネス・ワクチン】

出席日数も調べる。

学歴は無いよりある方が良い、と思っていたら、最近のリクルートでは、高学歴の人を採用しない職種も多いという。学歴が再就職の場合、邪魔になることもあるらしい。学歴など威張ることもなければ、学歴の無いことを恥じることもない世の中になりつつある。だからといって、学歴無用論を振りかざすこともない。

コンピューター時代が進むと、生産に携《たずさ》わる人は、コンピューターを使いこなせることが条件となってくる。今までのブルーカラーは必要なくなり、ホワイトカラーと入れ替えることになる。

学歴とは、学問の履歴ではなく学校の履歴で、高校、大学へ進むには入学試験があり、その競争に勝たなければならない。所詮、良い学校に入るには大変な努力がいる。学校で学ぶ内容よりも、努力したという体験と、競争に打ち勝った実績が会社に入って役に立つのである。

大学出の初任給が高いのは、その努力と学生生活何年かに費やした費用を考えてのことである。資本の投下に対する対価と思えばよい。

学歴無用論がいわれだしたのは、駅弁大学といわれるほど、大学が増えてからである。半世紀前までは東大卒業であれば、家がどんなに貧しくとも、資産家から嫁を迎えることが出来たし、官庁へも一流企業へも大威張りで入社でき、出世が約束されていた。

それほどの希少価値があったのが国立大学であり、一流の私立大学であった。東大がある時期、日本での家柄や貧富の差別をなくすことに貢献したのは事実である。

ところが、今や日本は大学進学の資格を持った人が七十%を超えるといわれ、その水準は世界一である。一流二流にこだわらなければ、ほとんどの人が高校、大学へ入学できる。今や中学卒だけの人が希少価値になっている時代である。名前をいうのをはばかる大学へ、何のために行くのか不思議に思う。

それならば一日も早く実務について学んだ方がよいのに決まっている。少子化で三流大学へ入るのには、ほとんど何の努力も必要としないとなると、ますます大学出の価値は低い。最近は一芸主義なるものが現われて、学校で何を学んだかより、学生生活中、スポーツ活動や文化活動でどんな活躍をしたかが、入試の努力や競争に勝つ精神力に代わり評価されるようになった。

ビジネスの社会で役に立つのは、法律や経理や医学といった特殊な職業でない限り、学問ではなく、理解力、表現力、持続力と俗にいう根性、そして同窓という人脈である。入社した時は大卒も中卒も横一線。そこからどれだけ本を読み、経験を積むかであるが、その基礎となるのが学生生活で得た知識か、または社会人として得た経験なのだ。

プロ野球や大相撲を見れば分かる。大学出と高卒出、どちらが有利とは言えない。要するに、入社してからの努力としかいいようがない。

ただ霞ケ関では、依然として学歴がものを言う。それも東大でなければ威張れないほど一流。許認可官庁に先輩、後輩がいれば会社としては有利である。そのため入社も有利だし、出世にも有利である。

官庁が変わらない限り教育ママはなくならず、進学塾は儲《もう》かる。しかし、頭脳は遺伝だということも忘れてはいけない。鳶が鷹を生むことなんぞない。髭《ひげ》があっても泥鰌《どじょう》の子は鯰《なまず》にはなれない。

『学　歴』

学歴主義ではありませんが、高学歴と呼ばれる人たちは確かに賢いです。飲み込みも早いし、問題解決力も高いです。

ただし、これを鼻にかけてしまうと悪くなります。入手できるはずだった情報が、入手できなくなることもあるのではないでしょうか。

弊社では、能力が少なくても、時間と情熱がそれを補えるという公式があります。しかし、掛け算はゼロを掛けると、答えはゼロになってしまいます。プライドをマイナス要因にさせてはいけません。

イベント中毒

【ビジネス・ワクチン】

金はこやしである。撒《ま》かないと生えないが、撒きすぎても腐る。

以前、節分には「お化け」というのが、花街・ネオン街のイベントとして定着していた。今でいうコスプレ大会である。期間中の三日間くらいは芸者、仲居、ホステスはもちろん、時には店の男たちまでが何かに扮装をしてもてなすのが常で、客の中には自らも何かに扮装して楽しむ人もいるという遊びである。

もちろん、扮装には何某《なにがし》かの費用がかかるのだが、変装の費用分は稼《かせ》ごうと客を呼ぶことに懸命になるから、節分は忙しくなる。一軒の店だけが忙しいのではなく、街の全体が賑《にぎ》わいを見せるのがお化けであり、節分であった。

最近、このイベントが何故か少なくなって来た原因ははっきりしないが、芸者、仲居が少なくなり、ホステスが面倒がり、費用をかけた割《わり》に見合う収入がないことや、客もそういう遊びに金を払う粋《いき》さがなくなったからであろう。こういうイベントは、なかなか作ろうとして作れない。伝統のものである。

祭りは地域のイベントである。京都の祇園祭り、東京神田祭り、大阪天神祭りは日本の三大祭りであるから、その賑わいは当然だが、これを一からイベント化しようとしたら大変である。そこには伝統が根づく。神事ではなく人間が企画したものでも、回を重ねれば伝統となる。

北海道の雪まつりや大阪の御堂筋パレードがそれである。雪まつりはその期間、飛行機とホテルも満杯だが、御堂筋は少々異なる。

日曜日の御堂筋は、空白のビル街である。また、御堂筋から一本裏へ入ると、パレードと関係ない顔の人ばかり、日曜は休みの飲食店も多い。企画者と出演者だけの楽しみだけで、街を巻き込んでいないことが分かる。見学者も近隣の人に限られている。

大阪の街の人を儲《もう》けさせないイベントが盛り上がらないのは当然である。イベントの基本は、儲かるか儲からないかである。

興行ならば、客を集めてその収入で催しに要した費用をペイ出来れば成功である。もちろん、儲けが多いに越したことはない。

ところが、販売促進の一つの手段としてのイベントは、商品が売れなければ意味がないし、時には企業の宣伝にならなければいけない。

イベントは客集めが第一義とはいうものの、派生する第二義こそ重要という変な催しだ。催しというものは、当日の賑わいこそが生命で、それには告知と催しの演出が勝負である。チラシとかDMなどあらゆる手段を使って告知する。中途半端な予算なら、ドブへ金を捨てるに等しい。

百貨店のイベントで定期化されているのは物産展である。中でも人気は北海道。どこの百貨店も、北海道展の持ち廻りである。芸がないというより、知恵がなさすぎる。

去年の夏、これで成績を上げたから今年もというイベント屋さん、それで何年続きますか。続けるとするなら、神事に等しい裏付けを作る必要がある。伝統を作るためのイベントとそうでないイベント。イベント屋の力の見せどころである。

国のイベントは祝日であり、個人のイベントは結婚記念日とか誕生日とか葬式である。私は葬式はしないつもりで、代わりに毎年バースデーパーティーを開く。ある時は美食会やゴルフ会、出版会というように、毎年趣向を変えている。

イベントは企画している時は楽しいが、果たして集まってくれるかどうか心配である。商売じゃなくても大変なのだから、商売ならもっと大変だろう。


『イベント』


私がパートナーシップを結び、一緒に仕事をさせていただいている岸和田市には、だんじり祭りがあります。やりまわしの荒々しいイメージのあるお祭りですが、地域の団結力、独特の倫理観は、素晴らしいものがあります。

街中を歩く若者から脱力感を感じることが多くなりましたが、ここにいる若者たちからは、何らかのオーラが発せられています。三歳の子は、転倒して引きずられても、決して縄を離そうとしない。それは、母親から手を離したら死んじゃうと教えられているから一所懸命です。

祭りが発展すれば、地域経済が潤《うるお》います。発展させるには、人と人のコミュニケーションが必要となります。今の不況は、プライバシーという言葉がもたらしているのかもしれません。

プライベート肥大症

【ビジネス・ワクチン】
頭脳にもプライベートタイムを。

長い楊子《ようじ》をくわえた旅人の木枯紋次郎が、「あっしにはかかわりのねえことでござんす」の台詞《せりふ》を残して去って行くニヒルな姿が、現代の考え方とオーバーラップしてテレビの人気番組となった。

現代人が、出来るだけわずらわしいことには関わりたくないという意識と共通している。

車内で暴力を見たら、知らない振りをしないで協力して立ち向かおうという暴力追放キャンペーンで、〝許すな暴力〟と如何に警察が叫んでも、一般人は本気で立ち向かう人などいない。

そんなことで怪我などをしてもつまらないし、ややこしいことに関《かか》わりを持ちたくないのである。

警察だって、非番の日にそんな場面に遭遇したら立ち向かうかどうするかは疑問であるが、知らん顔してたら、あとで非難されることは間違いない。

新幹線や飛行機内で急病人が出て、「お医者様はいらっしゃいませんか」というアナウンスを聞いたことがある。医者にとってはプライベートタイムではあるが、よほど腕に自信のない藪《やぶ》医者以外はほとんど立ち上がる。それは、医者の持つ職業倫理意識である。

このように、職業によっては時と場合によってプライベートの一線を画すことが出来ないこともあるが、普通の会社や商店に勤めている人が、どれくらいキチンと区別できるかどうかは難しい問題である。

仕事よりもプライベートを優先する考えなど、戦前にはなかった。

戦後、欧米の生活習慣が来るまでは、主婦も子供も自分のための部屋などなかった。個室がないということは、常に誰かの目にさらされていることになり、自由に息抜きをすることなど出来ない生活を強《し》いられていた。

それが個室のお陰で自由な時間ができ、その頃からプライベートを大切にするという傾向が生まれてきた。

ただ、せっかく得たプライベートタイムに、何をするかが分からなかったのである。私の生活はいつもプライベートタイムであり、またオフィシャルタイムでもある。だからどう過ごすかなんて考えたことも無い。毎日が日曜日でもあるし日曜日にも働く。

ところが、書斎に架《か》かっているカレンダーには、日曜日は特に分かりやすく赤い字で書いてある。それを見ると、そうか今日は日曜かちょっとゆっくりしようかと思う。何か変だ。トイレに入っている時とスーパーで買い物をしている時がプライベートで、むしろ誰かと飲んでいる時がオフィシャルと言える。

週休二日から三日になろうとする時代。盆、正月、大型連休を加えると、働いているのは年二百日に満たないことになる。そのうちの八時間労働として年千六百時間勤務である。日数に直すと……驚くほど少ない勤務時間と驚くほど多いプライベートタイムである。

その多くのオフ・タイムを利用して、別の仕事をする人が増えてきた。プライベートを別の勤務時間にしたのである。オフを失った代わりに、それに見合う金銭を得ている。

逆にオフを利用して、会社の役に立つ研究や勉強を続ける人もいる。自分の好きな趣味を楽しむ人、まったく何もせず身体を休める人、様々である。

そのプライベートの過ごし方こそが、これからの社会における人生競争の勝者になるか、敗者になるかである。プライベートを主張する前に、それをどう生かすかを考えてからにした方が良い。


『プライベート』


今まで多くの成功者とお会いする機会がありました。私はご自分の目標を達成した人、長年の夢を叶えることができた人たちが成功者だと考えております。

成功者の多くは、時間の使い方を自分で決めることができます。普通のビジネスマンは、勤務時間や休日などを自分で決めることはできません。プライベートを主張している方々のなかには、この姿にあこがれている方がいらっしゃるのではないでしょうか。

成功者と未成功者の方との時間の使い方には、大きな違いがあります。成功者は自分の時間でも、お金を生む準備をしていたり、何らかの利益を生みだすために使っていることが多いのです。

このような時間の使い方は、一朝一夕にできるものではありません。それまでに、昼夜を問わず働き、考え続けたからこそできるものだと思います。

遺伝性売上げ至上腫

身体の大きい者は相撲が強く、資本の大きい者は利益が大きい。

【ビジネス・ワクチン】

ビール会社の競争は熾烈《しれつ》である。キリンビールしか飲まないと断言する人に、目隠ししてサッポロビールを飲ませてもまったく気がつかないように、宣伝でいうほど味や好みに相違があるとは思えない。この競争は、商品の内容による争いではなく、市場における占拠率、いわゆるシェアの争いである。

ビール会社だけでなく、他の業種においてもシェアシェアと叫ばれる。つまり、どれだけ多く他社より売っているかという数量の勝負なのである。そして、シェアの高さがその会社の存在の大きさを示し、信用であると信じ込んでいるし、銀行もまずその企業の売上高を融資の対象とする。

わが国では何かというと、薄利多売こそもっとも優れた商売のあり方のように言われているが、本当は濃利多売が一番のはずである。ついで濃利少売が良く、薄利多売はその次である。安く売ることばかりに力を入れていて、韓国や台湾に市場を荒らされているのが現状なのである。

いまのところ、輸入制限や関税で守られているいくつかの製品や商品も、いずれ近いうちに解除されることになろう。それが世界の趨勢《すうせい》であるとなると、それらの商品も外国との競争が激しくなる。

その勝敗は、価格だけでなく内容の優れたもの、食品であれば美味なもの、機器類なら精密度の高いもの、そして付加価値の高いものだけが生き残る。大量に売るより、個性的なものを売ることに道が開ける。それは、イコール濃利少売につながる。

売上げと利益は、かならずしも比例しない。反比例する場合だってある。

ホステスが売上げNo1になりたいためにツケの売上げを増やしたり、見せかけの売上げをしたりするのと、企業がバックマージンを増やして売上げを増やすのは、根本的に似たところがある。

「作家は良いですね、紙と鉛筆だけでモトが要《い》らん」と良くからかわれる。だが、製品を作る機械に当たるのが人間の私。この機械、動かすためには電流に当たる飯を食う。たまには機械油に当たる酒も欲しがる。

しかも注文がいつあるか分からない。遊んでいる間は費用はかからない工場の機械にくらべて、人間機械は遊んでいる間のほうが燃費を食う代物《しろもの》だ。荒利は多いが、ランニングコストの馬鹿高い仕事である。個性的には違いないが、薄利少売なのに志す人が多い。困ったことだ。

売上高より利益率こそが企業の生命という時代が来ている。

最近、多店舗展開をしている業態の多くが、不採算店舗を閉め、営業縮小に手をつけ始めたのは、時代に右へ倣《なら》えを始めたのである。

そんな時代に、相も変わらず売上げ、売上げと叫んでいると取り残される。

売上げが大きいと利益も大きいと錯覚してしまうところに、売上げ至上主義の陥《おち》い り易い穴がある。売上げが増えても、儲《もう》けは増えないというところに商売の面白さ、厳しさがある。

といっても、売上げがあって始めて利益がある。利益ばかりを考えて売上げを疎《おろそ》かにすると、企業は先細る。

適切な利益を得て、売上げを伸ばす。優等生の答えである。

『売上げ』

消費拡大神話崩壊と共に、売上げ至上主義の時代が終焉を迎え、売上げ3比と呼ばれる数値も、役目を終えようとしています。3比とは売上予算比、前年売上比、そして他社比です。今までの常識や経験では計ることができなくなってしまいました。

そして訪れたのは、利益至上主義の時代です。お客様が満足する商品を提供しているか、価格を打ち出しているか、そして経営を行なえているか。これからは利益の質が問われる時代になります

仕事中毒

【ビジネス・ワクチン】
気楽に仕事する。

ノースモーキングは運動というより、社会常識化されてきている。飛行機内はもちろん飲食店でも、会社の中でも禁煙である。家に帰っても禁煙を強いられ、吸いたくなったらベランダに出たり、トイレに入ったりして吸う。

そんな窮屈な思いまでして吸わなくてもいいのに、中毒症状になっている人は、気も狂わんばかりに吸いたいのである。麻薬中毒もアルコール中毒も、身体に悪いから止めなさいといえるが、そうは言い難いのが仕事中毒である。

トイレに入って、新聞でもメモでも何か読んでいないと落ち着かない症状に似たアレである。週休二日だけでも、休みに何をしたらよいのか分からないのに、外国のように長期休暇を貰《もら》ったらうろたえるだけである。

大義名分は、「そんなに休むと仕事に支障がないか心配」ということだが、実は自分がいなくても、仕事に支障がないことが心配なのだ。その心配で仕事をするうち、それが習性となって中毒にかかったのである。

仕事に対する使命感、もっと崇高《すうこう》な表現をすれば、自分の仕事の社会的意義もあろうが、ほとんどは社内での出世意思につながっている。仕事をしていないと、競争相手に負けるのではないかという不安、社長に認めて貰いたいという欲望がそうさせている。

仕事中毒患者というのは、何が何でも仕事をしていないと、生きることに不安を感じる症状の人である。とにかく、仕事という名のものでありさえすれば何でもよい。

おっぱいを欲しがって泣き叫ぶ幼児におしゃぶりを与えるのと同じで、吸っているという現象で胡麻《ごま》化《か》せる。生きて行く糧《かて》にありついたという錯覚で泣き止む。

仕事には、先に述べた使命感よりも、生きて行く糧を得るためのものといった潜在的な意識がある。だからこそ妻たちも、仕事と言われりゃ、時には口実と知りながらもじっと我慢するのである。仕事だから仕方がないという言い訳を、すべてに対する免罪符にすると大変危険である。

第一、定年になったらどうするのか。気が狂いますよ。その歳になって一から始められる趣味なんて数少ない。女遊びなら出来るが、肝心なものが役に立つかどうかだ。でもそれまで遊びを知らない人がこれに嵌《はま》ると、それこそ人生滅茶苦茶になる。仕事なんて生きてる間の暇つぶしと思うことである。

仕事には終わりが来るが、趣味には終わりがない。ただ金は入らず、出て行くだけとさえ承知してればいい。多分、仕事中毒の貴方の晩年はアルコール依存症になる確率が高い。

仕事を理由に、奥さんに対する夜の勤めを怠ると、当然そこには不満が生じ、家庭の不和が起きる。仕事を理由に、友人たちとの交流を疎《おろそ》かにすれば、いつしか付き合いの悪い奴と烙印《らくいん》を押され、爪はじきにされる。

エジソンが発明に没頭している時、周囲から狂人扱いされたからといって、貴方がエジソンであるかどうかを考えれば真似ては危険である。

仕事が生きがいというのは口実で、仕事がないと恐ろしいという仕事依存症なのだ。

生活のために仕事をするのではなく、仕事をするために生活しているというふうになっては、まったく本末転倒といわなければならない。

『仕事中毒』

ヒット商品を開発担当した方々の話を伺《うかが》うと、「ある日、突然ひらめいた」という言葉が出てきます。そこだけを聞くと、お昼休みに同僚と公園を散歩していたら、急にひらめいたというお気楽な話にも聞こえます。

しかし、そこにいたるまでには、開発に没頭して没頭して、夢にまで見るほどのプロセスがあったに違いありません。

「俺は駄目だ」と、嘆いている人はいませんか。駄目にもいろいろありますが、仕事に熱中していますか。成功している人は、間違いなくワーカホリックになるぐらいの仕事量をこなしています。

迷惑性携帯電話

【ビジネス・ワクチン】
携帯させられるな。

携帯電話ほど、短期間でこれほど蔓延《まんえん》したものはない。今、パソコンの最大の敵は、携帯電話だといわれている。パソコンに出来ることは、携帯電話にも出来るほどの機能である。
そのわりには、携帯電話に対する世間の評価、実用面でなく道義面での評価の低さが気になる。

電車に乗ると、電源を切って欲しいというアナウンスがある。他人の迷惑になるという。もし、満員電車の場合なら、使用可であっても使用など出来ない。何しろ身動きすら出来ないのだから。メールを打つことは、どんな迷惑がかかるのか聞きたい。

電話で話すことが不可なのなら、車内での会話も禁止すべきである。大声で話すのは電話に限らず迷惑だ。一部の医療機器に影響があるなら、女性専用車両のように携帯電話禁止車両を設けて、その車両に乗ってもらえばよい。

なぜ携帯電話が嫌われるか、それは相手の声が自分に聞こえないからである。会話は双方の話していることが聞こえてこそ聞いている面白さがある。片方の声だけでは、何を話しているのか分からずイライラが募《つの》る。

劇場や会議場で携帯で話す人はまずないが、呼び出しのベルは確かに迷惑だ。でもそんな場所は、電波が届かないよう劇場側が工夫すべきであろう。

今や携帯電話は、利用する人にとって生活必需品の一つで、電車の中でも連絡可能なところに値打ちがある。

携帯は、緊急の場合に限ると思っている人がいる。時代遅れの考えだ。後で話せば良いことでも、今話すのと後で話すのとは違う場合だってある。

もちろん、歩きながら電話をしている姿や食事をしながら、小便をしながらの携帯は、あまり格好の良いものではない。それは、ハンバーガーを食べながら歩いている若者と同じで、それぞれの美学、常識の問題である。

かつて名刺に家の電話を入れる人などいなかったが、今は会社の番号と自分の携帯番号を並べて印刷している。勤務時間を過ぎても、いつでもどこでも、仕事の連絡は付くということになった。便利は便利だが、逆に困ることもある。

ビジネスマンが困るのは、商談の最中や会議の途中でかかってくる時である。話を中断したり退席したのでは、目の前の相手を怒らすことになる。

「只今、電話に出ることが出来ません。御用の方はメッセージをお入れください」との返事を相手に伝えることも出来るし、会話ではなくメールでのやりとりも出来るが、今まで以上に相手との接触の機会が増えたことは確実である。

携帯の機能を駆使して、スケジュールの管理から友人の住所管理、銀行口座管理までを託している人は、携帯が身近にないと不安でしようがない。携帯中毒になってしまっている。

携帯など持たなくとも、俺は仕事が出来ると自慢する必要もないが、携帯を重宝しすぎていると、足を引っ張られることにもなる。

上司に、契約の状況を相手先から写真と録音で報告せよなんてことになると、適当な嘘も吐けない。「あなた！　今どこにいるのよ。写メールして！」なんて女房に責められるなど、携帯の奴隷になりかねない。

今後、携帯は自分に利のあるようにのみ機能を駆使し、不利にならない使い方を考える必要がある。

『携帯電話』

コンビニエンスストアは、金融・流通・交通など、あらゆる業態を飲み込んでいます。すでに始まっていますが、携帯電話にも、その可能性は大いにあります。なんとも便利な時代です。

これによって携帯電話会社は潤《うるお》うでしょうが、私たちがこれを使って利潤を増やすことができているのでしょうか。アナログの時代でも、利潤は出ていましたから。

習慣性説教

【ビジネス・ワクチン】
叱るのと怒鳴るのは違う。

空いた車内でのことである。

多分、兄弟であろう子供二人が、車内を走り廻ってギャーギャー騒いでいる。でも親は知らん顔。むしろ、目を細めて眺めている始末。

貴方はうるさくて、本も読めやしない。そこで思いあまって、堪忍《かんにん》袋の緒が切れる。

「静かにしなさい。ここは公園じゃないんだから……」もちろん、親の監督不行き届にも、ちょっぴり非難をこめて言う。

その声を聞いた親は、「ホラホラ叱られたでしょう。あのおじちゃん、こわいんだから」まるで、こっちが悪者扱いである。子供たちの将来のためを思って注意したのに、何という態度だと貴方は思うが、実はそこが間違いである。

少なくとも、自分がうるさくて本も読めなかった腹立たしさが、半分以上入っている。もしこれが暴力団風のお兄さんが数人で、喧《やかま》しく騒いでいたとしても、「静かにしなさい」とは、貴方は言わなかったはずである。言ったアトの反応を考えれば、黙っている方が得策との計算である。自分が痛い目に合わぬように、マナーの注意はしなかった。

相手のために叱るというのは、立派な言い分ではあるが、実は叱るという行為はほとんど自分のためである。

部下のミスは、自分のミスにつながるという原因があって叱る。なのに、自分が叱るのは君のためを思うからこそだなどと親切ごかしに注意するから、された方は余計なお世話だと反発したくなるのである。

君のために叱るという発想は、大人が子供を叱る発想であって、会社は大人と大人の社会だからそれに当てはまらない。遅刻したりズル休みをしてはいけないのは、その人のためでなく、廻りが多少でも迷惑するからである。

本人がいてもいなくても何の影響もないと思っているのなら、会社には必要のない人間だからと、はっきりそう言って辞《や》めさせた方が良い。

説教好きの上司ほど説教が長い。三分あれば充分なのに、まるで独演会のように叱りつづける。叱られる方は原因を承知で叱られているから、なおのこと長く感じる。原因の分かってない人を叱るのは暖簾《のれん》に腕押し、糠《ぬか》に釘で、叱っても意味がない。

説教というものは、あまり長いと本質が見失われる。しまいには何で叱られているのか分からなくなってしまい、叱られていることが不条理に思えてくるものである。そうなると最悪で、貴方は時間をかけて反発を買っていることになる。

もっと最悪なのは、一人だけをスケープゴートにして、やり玉にあげることである。これは確実に恨みを買う。そして、貴方を成功させないよう道連れにすることになる。

年配の人はご存知だが、その昔、説教強盗というのがいて、強盗に入った家で家人を縛りつけ、戸締りはここそこが悪い、裏木戸が開いていた、便所の窓にも鍵《かぎ》をつけろとか延々と朝まで説教するのである。縛られている方は恐ろしいだけ、何でも持って早く帰って欲しいと願うだけで、強盗の説教はうわの空だ。

そして後日、なぜ俺の言うことを守らないのかと、再び強盗が説教に来たという。つまり、説教はされる側の環境も考えようという話である。

『説　教』

飴《あめ》と鞭《むち》。部下を教育する際に耳にする言葉です。しかし、部下に鞭を振りかざす人が減ってきたように思います。叱ることができない上司が多くなったことに、危機感を覚えています。これは、家で親が叱らなくなったことに起因しているのではないでしょうか。

叱られることに慣れていない部下は、上司に叱られて会社を辞めてしまいます。それ故に、上司が叱れなくなるという、ビジネスマンとして悲しいお話です。

経営は、すべてにおいてバランスコントロールが必要です。褒《ほ》めてばかりでは、企業は育ちません。上司、教育者は、〈叱る時は叱る。怒る時は怒る。言わなければならない時は言う〉という責任感を持って接しなければ、次の人材は育ちません。

貯金不能

【ビジネス・ワクチン】
ストレスも一緒に蓄える。

私は衆議院選挙に五度次点で落選している。次点といえば聞こえはまあまあだが、五人出て四人当選するのだから、つまり最下位である。しかし、残念なことに変わりはない。だが、今になって考えると良かったのかも知れない。

もし当選していれば、秘書の給与の半分くらいは猫ババしただろうし、町工場の社長の口利きをして幾許《いくばく》かせしめて手錠をはめられる仕儀になり、清貧に甘んじる我が家の家系に汚点を残したに違いない。もし間違って大臣にでもなったら、大恥をかくところだ。

なぜなら大臣になると、個人財産の公開をしなければいけない。多少でも隠し財産があるなら良いが、まったく貯金がなかったら恥ずかしい話だ。もちろん、いまの世でそんな文無しが大臣になれるはずもないが……。貯えは、無いよりもあったほうが良いに決まっている。なのに、貯蓄型人間はあまり世間の評判は宜《よろ》しくない。ケチだとか、貯《た》めこんでばかりとか後ろ指をさされる。

元来、日本人は貯蓄型人間である。消費は美徳といわれても、そう簡単に同化できない。それが世界経済のために良いといわれても納得しかねる。勤勉に働いてお金を貯めることが日本人の良識であった。週休二日といわれても、週に二日もぶらぶら遊ぶのは、何となく後ろめたいのである。

このような日本人の思想パターンを変えたのが低金利時代の到来である。預金をしても、金利は無いに等しい。金利で生活をするなど、夢のまた夢になってしまった。そのうち、金を預けるのに幾らか払うようになるかもしれない。

そして、自分の預けた金を引き出すのにも手数料がかかる。それならタンスの奥にかくすか、壺に入れて裏庭に埋めた方が得である。でも、金が必要なたびに壺を掘り出したり、犬が掘らないようにするのが面倒と、ローン型消費思考人間が増えてきている。ローンで車や家を買うのは、逆行型の貯蓄と考えている。

人が金を貯めるのは、今日より明日を豊かにしたいためである。明日起こるかもしれない不幸が、不安で恐ろしいのである。

幸せはお金では買えないけれど、不幸はお金で救えると思っている。不幸とは寒さとひもじさだから……。

金を持って死ねないのは分かっている。でも、死ぬまで金を持っていたいのが人情である。貴方の死期が分かっていたら、その計算は上手《うま》く行くのだが、それが分からない。定年になって、退職金とそれまで貯めた貯金と年金とで、どれくらい生き延びられるかである。

不景気で、退職金の額は減少の傾向にある。貯金には利息がつかない金利○《ゼロ》％時代。年金がいつまで支払われるか、国家財政赤字を考える時、それも信用できない。

手持ちの金をなし崩しにして、寿命一杯生き延びようとしている人々の不安は長寿。

長寿と貯金は、二律背反という変な時代なのである。といって、早々と天国に召された日には、廻りの人間にケチとか拝金主義者とか嫌われて貯め込んだ貯金が勿体ない。

それでも貯蓄はした方が良いが、その貯め方である。いま昼食を素うどんばかりにしなくても、老いれば自然に食事はそうなる。付き合いを大事にして、少しは身体に悪いこともしなければ、長生きして困ることになる。適当に遊び、適当に貯め、適当に死ぬ。これがコツである。

『貯　金』

私は自社のスタッフに、口癖のように「貯金はしているか」と尋ねます。すると、「今の年俸では貯金できません」という答えが返ってくる時があります。おそらくその人が一千万プレイヤーになった時に同じ質問をしても、返ってくる言葉は同じでしょう。

これから何度も出てくる言葉ですが、人生の計画性に乏しい人が多いのです。ここでは金銭に対する計画性です。将来の安定を考えてくださいと、言っているのではありません。

成功者たちは、自分の将来を考えた上で計画的に貯蓄するという意識を持ち、いざ勝負のときに打ち出せる弾薬（キャッシュ）を詰め始めています

浪費麻痺

【ビジネス・ワクチン】

金は天下の廻りもの、君をさけて廻ってる。

「俺ら江戸っ子だ。宵越《よいごし》の銭はもたねぇ」と、現代で粋がって言う人がいれば、まことに時代錯誤も甚《はなは》だしい。

これは日銭稼ぎの職人の話で、その日稼いだ金はその日に使う。使わないで残していたら、次の日働く気がしなくなる。そうなると親方連中が困る。その日に使ってしまうと、明日食う米のために働かなければいけないから、休むことはない。親方も安心だ。

そんなところから生まれた宵越しの銭は持たねぇ。爪に火を点《とも》すようにして銭を貯《た》めるような奴は、男の風上にも置けねぇという風潮が意識的に作られたのある。

現代は日給のフリーターであっても、明日仕事があるかどうか分からないし、ビジネスマンのほとんどは月給である。

今月稼いだ金は今月使ってしまうというより、家賃やらローンやら子供の学費やらが待っている。中にはサラ金が会社の前で……。

この中から病気その他、急な出費のために貯蓄するのが通常である。

昔は貯蓄は美徳だったが、最近では消費が美徳、といわれるようになった。だが、消費と浪費とは違う。お金を使うという点では同じだが、浪費とは無駄遣いである。

無駄の効用という言葉もあるように、何が無駄で何が無駄でないか。その基準は個々の判断によって異なる。それだけではない。収入の多寡《たか》によっても、無駄の基準は違う。

月給百万円の人が月給二十万円の人と同じようにお金を使っていたら、その消費は美徳ではなくケチ野郎といわれ、その逆だと浪費馬鹿と呼ばれる。浪費にも無駄な浪費と価値ある浪費がある。

私はある時、一本数十万という高価なワインを頂戴した。勿体ないので選挙にでも当選したら飲もうとしまっておいた。結局、その機会は来ないで十年後に飲んだ。管理が悪く無残な味に変質していた。旨《うま》いときに飲むべきだったと、今も後悔している。

逆に選挙で使った莫大な金は、惜しいと思ったことはない。落ちれば落ちた人生はそこにあることを教えてくれただけで、価値があったからである。浪費とは金額ではない。使い方なのだ。

別に悪い遊びをするわけじゃないが、冬はスキー、夏はヨット、時にはゴルフを楽しみ、車はスポーツカー。休暇が取れれば海外旅行に行く。もちろん給料では足りない。借金生活である。

ビジネスマンとしても優秀というその男に貯金をしろと言えば、こんな答えが返ってくる。

「なァに一ヶ月に五万や十万、貯金するのは簡単なことだが、仮に五万として年に六十万、十年で六百万で何が出来る。千二百万で何が出来る。

どうせ今、俺がしてることの延長がせいぜい。その間の十年、俺は人生を楽しめず、貯金の分だけストレスが貯まることになる」

理屈はそうだが、貴方が財閥の御曹司なら良いが、そうでなければ、借金をしなければならない。つい高利の金に手を出す。その利息に利息がつく。それが破滅への道の一歩となる。

無駄遣いは楽しい。その楽しさに負けてはいけない。浪費はクセになってしまう。

いったん覚えた蜜の味は忘れられない。やめろと言ってもやめられない。原則を一つだけ守れば、今まで通りで良い。その原則とは、収入以上に使わないことである。

【浪　費】

日本国民が消費者ローンに口座を持っている人の数は千六百万人。これは上場企業の消費者ローンが対象ですので、金融ローン会社全体では約三千万人以上の方が借りているということで、成人五十％以上の人が借りている計算になります。

時代は狂っています。ローン会社が明るくさわやかなイメージのテレビ広告を放映したり、都市銀行まで同調してサラ金事業に乗り出している時代です。幸福の先取り的な発想を持っていては、真の幸福はありません。計画性のある生活を。

人脈循環異常

【ビジネス・ワクチン】
人脈は金脈なり。

人脈を勘違いしている人がいる。あの大臣は良く知っているんだというけれど、問題は向こうが知っているかどうかである。貴方は知っているけれど、向こうが知らなけりゃ屁の突っぱりにもならない。たとえその大臣の名刺を十枚集めたとしても、それでハワイへ行けるわけでもない。人脈の基本はギブアンドテイク。貴方がその人に何をしてあげることが出来るかである。

その大臣の選挙区に住むなら、たとえ家族と親戚の何票かでもお役には立てる。貴方の会社が儲《もう》かっているなら、選挙の陣中見舞いで、多少まとまった軍資金を出すことが出来る。

相手に何も与えずに、パーティで交換した名刺を見せびらかしているだけでは、肝心な時に役に立たない。ホステスが新しく店を開くのではない。名刺の束の厚さイコール人脈とはならぬ。政治家や財界の人を知っているからといって、貴方が偉いわけではないのだ。

人脈とは心脈である。心の通じ合う人。腹を割って話せる人。親身に相談に乗ってくれる人のことをいう。相互信頼である。

そのためには、貴方が相手に信頼を得られるだけの人物でなければならない。人脈を拡げようとすれば、貴方自身が広くなる必要がある。人脈というと、えてしてエライ人との交際と思いがちだが、それは間違いで、若い人はもちろん、色んな人とコミュニケーションがとれるということだ。

私の友人は今、二回り以上違う若い人がほとんどになった。理由は旧友は死んだか、病院か、呆《ぼ》けたかが多くなったからである。私は因果と達者で相変わらずネオン街をうろつきたい方だから、どうしても元気な若者と遊ぶ。そのおかげで若い女性とも交友が出来る。有難い人脈だ。若い人の中にはあまり信義のない人もいる。と、こっちが思っているだけで、向こうにすれば単なるお爺さんで、将来役に立ちそうもないと考えているから仕様がない。彼らにとっては私は人脈の屑だ。

火盗改めの鬼平は、上司にもそのコネを持っていたが、自分の部下や同心だけでなく剣友の岸井左馬之助や、やんちゃ時代の仲間の相模の彦六、それにお熊ばあさんといった幅広いネットワークを持っていて、そんなところからの情報をもとに、手柄を立てたのである。それらの人は鬼平が好きだった。ということは、取りも直さず鬼平も、それらの人が好きだったということである。

人脈づくりのコツは、まず人を好きになること。そしてその人から何か頼られれば、一所懸命にしてあげること。与えよ、さらば与えられんの精神を忘れてはいけない。

会社で良くあるのは、俺の人脈だけに頼るなとか、俺の人脈を勝手に利用するなという上司である。次から次へと新しい事業展開をする会社やそのマネージメントをまかされた人は、次から次へと新しい人脈が生まれる。

古い人脈を独り占めしたり、拘泥《こうでい》する暇もない。それをうるさく言う人は、僅かな人脈を頼りにしていて、それが無ければ何も残らないからである。

モテル男は、いいよあの娘は君にゆずるよと、気前良く分けてくれる。ゆずってくれたとしても、その人に魅力がなければ、いずれ捨てられる。

人脈を作ろうとするなら、まず自分を磨くことである。そして、若い人を大事にしよう。今日の人脈は明日の人脈ではないことも覚えておこう。

『人　脈』

プロデュースを生業とする弊社は、クライアント様からお仕事をいただき、企画、運営をさせていただいております。私たちを信用していただき、億単位の投資をしていただくのです。

今後のプレッシャーもありますが、決めていただいたときは感謝の気持ちでいっぱいです。このご恩をお返しさせていただくという気持ちで、運営を進めて参りました。

ここまで充分お世話いただいてきているのですが、最近は有難いことにクライアント様が、新しいクライアント様をご紹介してくださるようになりました。日々感謝です。

加齢根回し症候群

【ビジネス・ワクチン】
根回しをされる側になってみよう。

プロレスを八百長という人はもういなくなった。純粋な意味でのスポーツとは思っていない。スポーツショーと思っている。ショーである以上、そこには演出が介在するのは当然である。

弱い奴が強い奴に勝つのではなく、強い奴が弱い奴に当然勝つ。その過程を面白く見せている。本気でやって一瞬に勝負がつけば、ショーとして成り立たない。

プロレスでは、この演出のことをスピーキングという。勝敗は戦う前には決まっているのだが、その勝ち方、負け方を如何に演出して見せるかである。負ける方にどんな花を持たせるかがスピーキング、世間でいう根回しで、そのような根回しが存在することは、大抵の人が承知した上でプロレスを楽しんでいるのである。このスピーキングを忘れると、リングの上は血で血を洗うショーとなる。

ところが、最近はK1やその他の格闘技で真剣勝負を売り物の対戦が出てきてリング上、一発でぶっ倒れる凄さを見せる競技に人気が出てきた。プロレスのようなやらせ的なところがなく面白いことは面白いのだが、今度は逆にぶっ倒れないと、ショーとしてはプロレスより面白くないのである。

根回しのない真剣勝負は最近のテロである。根回し大国日本が国際社会で役に立つとすればこれしかないのだが、国内では上手《うま》いのに、外交では根回しの下手すぎる日本である。

根回しを最重要としている世界は、政治であろう。政治は根回しによって成り立っているといえる。

小泉首相に人気があるのは、その根回しを拒否して勝ったことにある。野中元幹事長は、根回しの神様のような政治家であったが、幹事長という職は、根回しが下手では勤まらない。

国対委員長というのも、与野党の議会運営を根回しで決めている役職である。

日米首脳会談も、外務官僚の根回しで決着する。両首相は承知して、みこしに乗っている。ビジネスの世界では、日本ほど根回しが重要視されている国はない。外国ではフェアネスが優先しているのだが。

株主総会がシャンシャンで終わるのも、総務部と総会屋の根回しである。海外では見当たらない。会社にはこの根回しを得意とする人がいて、時には重宝される。根回しというのは、内部調整でもあり、会社の中で営業しているみたいなものである。

会議などは、この根回しがあるかないかで、進行がスムーズに行くかどうかが決まる。

根回し上手の貴方には、結論が見えているのである。いやむしろ、その結論に到着するように細工を施《ほど》す。

「これがこうなりまして、これがこうなりますと、これがこうなりまして、結局こうなるというのが結論です」

結果が分かっているのなら、会議などしなくても良さそうなものだが、会議は一つの儀式だから止めるわけにはいかない。

困るのは時々、予定にはない行動や発言を突然、する人がいることである。となると、会議の意味を理解していない人にまで根回しが要る。全員に根回しが進めば、会議は馬鹿馬鹿しく白けた無駄な時間となる。

根回しとは、肝心なところへ釘を打つことで、どこが肝心か要点を知らないと意味がない。根回しが上手過ぎると、なかなかの曲者《くせもの》だなとの評判になり、敵が多くなることも間違いない。


『**根回し**』


グローバルスタンダード反対主義者の私は、根回しも然《しか》りです。

デリカシーのある日本人としては、隣にそっと寄り添われて、耳元で優しく「折り入って、君だけに……」とか、「ここだけの話だけど……」「オフレコでね」なんて囁《ささや》かれると、何とも気持ちがいいものです。

しかし、長老様方に一言言わせてください。

「もう分かりきっている、しつこい根回しはやめてくださいね。若い奴らは意外と気づいていますよ」

硬化性パソコン逃避

【ビジネス・ワクチン】
必要のなくなった受信メールは消そう。

半世紀前、算盤《そろばん》の上手な人、字の綺麗な人は出世しないといわれた。「すみません、コレちょっと書いてください」字の上手な人は、何かあると便利扱いされ、雑務を頼まれる。算盤の巧みな人も同じで、「ちょっとこの計算を……」という具合。器用貧乏、重宝である。

現在は、パソコンがそれにとって代わっている。「お願い、電車の時間調べてよ」のOLの声に、ニコニコと自分の仕事の時間を割《さ》いてそれに応じている。

他人が貴方の時間を奪ったのだからマイナスなのだが、それに気がつかないで役に立ったと喜んでいる。

一日中パソコンに向かい合っている人には二種類あって、パソコンという機械が好きで、人付き合いよりこの方が性にあっている人と、パソコンの前に座って仕事をサボっている人に分かれる。

パソコンは、前に座って仕事をしている振りをするには格好の道具である。

営業マンがパソコンの前に座っていては、客まわりの時間を減らしていることになる。

大掃除をしている畳の下から、古い新聞が出てくる。ついそれを読んでいるうちに時間を忘れるが、それも大掃除をした時間のうちに入る。でも、そこから得る情報で役に立つものなど何もない。時として感傷にふけることがあるくらいのものである。

パソコンから、無数の情報を引き出すことは出来る。でも、それは大掃除の新聞といっしょで、ほとんど現在の貴方に何の役にも立たない。その中のほんの一部、自分に必要な情報だけをピックアップして、初めて役に立つのである。

パソコンが使えるというのは、単に情報機器が扱えるというだけのことで、ワープロが出来ますよ、計算機器の代わりもできますよというに過ぎない。

処理する情報を入手できなければ仕事にならない。パソコンはソフトがなければ何の役にも立たない只《ただ》の箱、いわば文房具における筆箱みたいなものである。

メールを開く、返事を送る、一瞬にして相手に届く。手紙では出来ないシステムである。パソコンを使えば、同じ図面が一度に数十箇所に届く。FAXでは出来ない技である。

パソコンを使うことで仕事の能率が上がり、創造性や知的生産性を上げて、初めてパソコンを使って仕事をしたといえる。

ただ、マウスを動かしているだけでは、マスターベーションと一緒で虚しい喜びである。

勤務時間の大半を、パソコンの前から離れようとせず、仕事している気になっている貴方に将来はない。

パソコンの最大の敵は携帯電話である。パソコンに出来ることは、携帯がほとんどできる。携帯がビジネスの主役になった時の貴方の姿は、可笑《おか》しくもあり哀れでもある。女房が一ヶ月いなくても嬉しいだけでそれほど困らないが、パソコンと携帯電話がないと一日も暮らせないほど困る。

今やパソコンは事務機器だけでなく、家庭機器としても必需品である。オフィスパソコンよりも、ホームパソコンが全盛になりそうだ。家計簿から学校との連絡、主人の帰宅時間の記録や夫婦の回数など、いろいろ使い道がある。貴方は会社でも家庭でも、パソコンに管理されることになる。

『パソコン』

コンピューターは、社員千人分の仕事を楽にこなす。しかし、コンピューターは社長になれない。

なぜなら、コンピューターには判断力がないから。

説明肥大

【ビジネス・ワクチン】

説明が長いと説明の説明が必要になる。
説明しても分からないのは話す方か、聞くほうのどちらかが馬鹿である。

マニフェストという言葉を良く耳にするようになった。政党が政権を取った場合の政策や方向の数値や期限目標を国民に対して約束する一種の契約である。契約という以上、その明細を説明する必要がある。

これまでは公約という箇条書だけで、詳細な説明のないまま投票してきたことを考えれば、多少の進歩である。

これからの自分の生活を託する会社の方針や内容を聞く、会社説明会に似ている。この説明の在り方によって、政党や会社の今後が占われることにもなる。

道順を説明するのにも上手、下手がある。男性と女性によっても異なる。どちらかといえば、男よりも女の方が下手である。

男は必要なことだけを説明するが、女は説明が詳し過ぎて、かえって分かり難いことがある。

自らがその辺りの地理に詳しいかどうかも重要である。あまり土地感が無い場所を教えるのは難しい。

同時に、説明を受ける相手のことも考えなければいけない。東西を分からない遠方の人に、東へ行けと言っても分からないし、京都での上ル下ルは地元以外の人には通じない。私が東京へ行って困るのは、どっちが東か分からないことである。犬が西向きゃ尾は東というが、西を向いた犬がどこにいるのか、知らない。京都から見て東の京なんだが、東へ来てしまったから、もう東がないような気になる。

私だけが思うことなのかも知れないが、東京の人は道を教えるのに、あまり東西を使わない。そのせいか、東京の盛り場にはキタとかミナミとかがない。

相手がその辺りの地理を、多少でも知っているかどうかで、説明も変わってくる。相手の状況もある。車に乗っている人には、一方通行も教えなければいけない。

つまり、自分が熟知していても、相手の理解度と状況に合わせて説明することが大切である。良くある間違いは、自分が良く知り過ぎているからと、当然のように教える場合である。雨だと傘で看板の見え難いことも、休日でネオンが消えていることもある。

何をポイントに教えるかを、的確に判断する作業が難しいのである。

先刻見た映画のストーリーを説明しろといって、要領よく説明できる人は数少ない。その映画が結局、何を観客に与えようとしたかを把握できていなければ、ストーリーは語れない。

会社の仕事と地図や映画とはまったく異質なもののようだが、どちらも上手に出来る人は、会社で会議の模様もキチンと説明できる。

何か仕事を計画する場合、その仕事に関与する全員に、出来る限り趣旨や目的を説明して理解を求める必要がある。その説明を上手《うま》く出来るかどうかは、その計画の内容を良く理解している人ほど説明は短い。なぜなら、それについてのポイントがどこかを知っているからである。あまり長い説明は、途中でもう分かったと言いたいし、最後まで聞いていると訳が分からなくなり、説明の説明が必要になる。

内容をよく理解していないと、説明はポイントをはずれるから、どうしてもくどくどと長くなるのである。

ポイントとはツボである。ツボをはずすと、マッサージも効かない。説明のツボをはずさないようにしないと、相手は理解できない。


『説　明』


報連相という言葉は斬新さがありませんが、あえてこの言葉を使います。

報連相の達人は偉くなります。事業に失敗したときのことを考えて見ましょう。失敗したという悪い結果を先に報告できる人は、その原因を自分の責任として受け止めることができる、責任能力が高い人材です。

5W2Hに則《のっと》って的確に連絡できる人は、その過程において重要な失敗要因を探し出すことができる二度と同じミスをしない人材です。

「どうしましょう」ではなく、「この対応策をこのように考えましたが、いかがでしょうか」という相談は、この事業に対し、自分が経営者になったつもりで取り組んだからこそ出てくる意見であり、この人材のマネージメント能力は確実に上がっています。

情報吸収不良

【ビジネス・ワクチン】

確実な噂を情報と呼ぶ。出所の怪しい情報を噂と呼ぶ。

目に入るもの、耳にはいるものすべて情報である。味も匂いもそうである。

情報は無限に存在するから、それをどう自分が収拾選択するかにかかっている。

情報は蓄《たくわ》えるものではなく、ピックアップするものである。どの情報を残し、どの情報を捨てるかは、ピックアップする人の感性であり、その時々の興味である。

では、その情報は自分だけのものかというと、そうではなく、多くの人が共有している。それをうまく処理できれば情報は生きてくるが、情報を生かして使っている人は数少ない。闘いを有利に進めるためには、戦っている相手の情報を手にすることである。そのため古くは忍者を使い、近代戦ではスパイを養成した。表向き軍隊のない日本に現在スパイはいないとされているが、警察の公安部は共産党を相手とするスパイ部である。産業スパイは貴方の会社を狙っているし、貴方の奥さんが雇っている私立探偵もスパイである。スパイに狙われない会社は大したことはないし、奥さんがスパイを雇ってないとすれば、貴方の騙《だま》し方がよほど上手か、貴方に他の女に持てる可能性がまったくないかである。

情報は欲しければ見せてくれるところも、売ってくれるところもある。情報を買った以上、それを使って儲《もう》けなければ意味がない。どこに行けば、その情報が得られるかを知っていることが大きなポイントである。

作家は何万冊という本を持っている。中には未読のものも数多くある。でも、資料として何かを知りたい時、その情報がどの書籍に書いてあるかを知っていることで、その本が書庫に眠っている価値がある。

情報は持っているだけでは価値がないことは、先に書いた。誰かがその情報を貴方に尋ねに来た時、初めてその情報は生きるが、それまではまったく無用のものだったのである。

情報につまらぬものはない。誰かにとってつまらなくても、或る人にとっては重要な場合もある。貴方がどう思うかである。

会社の中の男と女の噂話も、一つの情報である。それだけなら単なる好奇心だけのもの。そこからどう発展するかによって、それが情報として生きてくる。うまく立ち回れば、ライバルを蹴落とすこともできる。

それよりも大事なのは、誰も情報とは思わないような、へーそんなもんかねえと気づくこと。このようなことがあったら、それがA級の情報である。

マスコミが報じていることは、もう情報とは言い難い情報である。

今年、タイガースは……なんてのは誰もが知っている事実で、情報とはいえない。

「ジェット風船屋、儲けてるんだって……あの会社の社長が最近家を建ててネ、それを近所の人が風船御殿と呼んでいるよ」こうなると、ちょっとした情報である。この話をどう生かすかに、貴方の腕はかかっている。

「俺が若い時につけた顔の傷がカユい時は、タイガースが勝つ」これはコワいお兄さんだけの情報である。これを信じてタイガースに賭けるかどうかは、それぞれの自由である。

誰もが知っている情報を、さも重要らしく生かしている貴方。何の役にも立たぬ噂話を情報らしく伝える貴方は、もう情報通でも情報馬鹿でもなく、単なるおしゃべりなおじさんに成り下がっている。

『情　報』

あなたが入手している情報は、受動的に入手した情報と能動的に入手した情報があります。前者は、街を歩いていて目に入る看板や宣伝で得た情報です。後者は、自分が意識して他者から入手したものです。

最近は前者の量が多くなっています。しかし、テレビや雑誌からの情報を鵜呑みにして情報通を気取るのは気持ちがいいものですが、ビジネスには使えません。

聞いて半分、行ってみりゃ三分。情報なんてそんなものです。入手した情報は、かならず検証をし、さらに一歩踏み込んだ情報を手に入れて、初めて少し使えるものになります。

カルチャー分泌異常

【ビジネス・ワクチン】
日曜画家が好ましい。

人間の生活に関わる道具は日々発達する。これを文明と呼ぶ。
その道具を如何に使うかが文化といわれているが、文化には神代の昔より手や足を動かすところからの楽しみ、芸能、言語、風俗、習慣といったものまで含まれている。絵画、彫刻を始め、囲碁、将棋、スポーツから茶の作法、生花に至るまですべて文化であり、カルチャーと呼ばれている。

掃除機、洗濯機、炊飯器、レンジ等、主婦のための文明機器が発達し、主婦に大幅な時間の余裕が出来た。夫を会社に送り出したアトすることがない。飯を食って寝てテレビを見て屁をするだけの毎日。最初は屁でも放って寝ているだけだったのがそれに飽きて、サウナやらスポーツジムに通いだした。

私の入っていたジムにも大勢の主婦がいた。ゆとりのある奥様族かと思えば、近くのスーパーでパートをしているおばちゃんがパート出勤の前後に来ていることが分かった。昔は金を得るために汗を出して働いたのだが、今は金を払って汗を出している。

そんなおばちゃんが、今度はちょっと知的な趣味という奴に目を向け始めた。これがカルチャーである。ジャズダンス、英語、パッチワークと趣味は無限に拡《ひろ》がる。

一方、カルチャーとは縁がなかった夫たちも、妻との差に気づき慌《あわ》て始めた。夫たるもの、妻におくれてはならじと、個々が芸術家を目指し始めた。

ビジネスマンは終身雇用制がなくなりつつあり、実力に応じた年棒制に移行して、ビジネスアーティストとなる。しかも長寿社会となって、定年後の生活が長くなった今、何を生き甲斐とするかを求めだしたのである。

商業と芸術は、基本的に両極にある。危険な現象であるが、客の方も同じようにアーティストが増えたのである。女の力が大きい。アーティストの眼で商品を見始めた。そこで商品のカルチャー化が見直され、例えば伝統と文化の和菓子が存在を示したり、花の育て方といったサービスもアート化してくる。

〝客がアーティストのレベルに達しているのに、企業は乗り遅れている〟と、企業のカルチャー化も同時進行し始めたのである。

宝石のリフォームといった、リフォームサービスも始まる。

今度は同じカルチャー仲間を通じての人脈づくりも始まって行く。結構なことであるが、困るのは文化という言葉の前に、会社の仕事が小さく見えてくることである。

カルチャービジネスマンの陥《おちい》りやすい穴がこれ。

逆に、自分のカルチャーを会社の中に持ち込もうとする困った人もいる。一芸は、宴会の時にカラオケ酒場で発揮するにとどめてもらいたい。もともと商人の一芸は旦那芸であり、貧しい芸術家を育てるために対価を払ったものである。

それで稼《かせ》ごうなんて根性は持たない方がよい。芸術と商売は、金儲《かねもう》けを是とするか非とするかの違いがある。貴方がビジネスマンである間は、アートを理解できる商人であって欲しいものである。趣味を仕事にすると、それはそれで苦しいものとなる。

『カルチャー』

趣味は事業に非《あら》ず。自分の趣味趣向をもとに文化創造を掲げて事業を立ち上げ、「ベンチャーです」と、企業家面をして大手を振って歩いている。これはまさしく危険を冒していま す。

奇麗ごとばかりでは、事業は前進しません。ビジネスはそんなに甘いものではありません。趣味を事業に変えて成功している人は、すでに趣味の範囲を超えてプロになっています。

今日立ち上げた法人が一年後に残る確率は八十％、二年後六十％、五年後では十五％、十年後になると、わずか六％しかありません。十年後には百人中六人しか帰れない冒険に、あなたはどのような装備を持って出発しますか。

アルコール依存症

【ビジネス・ワクチン】
自分の金で飲むこと。

「昨夕、ボトル一本空けましてネ、ワハハ……」でも、二日酔いもなく、今日も朝から仕事してますよと言いたげである。

斗酒《としゅ》なお辞せず、酒が強いのは結構だが、それは貴方の肝臓が必死でアルコールの分解作業をしているからに過ぎない。いい気分になっているのは頭脳で、肝臓は働きづめなのである。

酒は酔うためにある。くだを巻くまでいかなくとも、気分が高まり、ストレスを解消する程度にでも酔わなければ何の為《ため》の酒ぞ！　である。大酒飲みに限って、質のことをいわず量ばかり自慢するのだから尚更《なおさら》のこと、水か茶でも良いことになる。

一般的な酒飲みは、酔っ払い現象が形となって表われた時点で、中止するのか控え目にするのが通常である。けれども酒が強いと自負する人は、これ以上飲むと危険ですよの酔っ払い信号のないまま、突っ走ってしまうことになる。

それが毎日続いているうちに、或るとき突如、肝硬変となり、胃潰瘍という名の友人が死の扉を叩くのである。

その時、貴方が会社で有能な人材なら、社長も同僚も残念がるし、奥さんが浮気をしていなければ、その嘆き、悲しみは見るに忍びない。

酒は生命を縮めながら、魂に安らぎを与える嗜好品《しこうひん》である。

貴方は、大酒を飲むことイコール豪放磊落《らいらく》と勘違いしているフシがある。英雄酒色を好むの諺《ことわざ》に従って、自らを英雄気取りでいるのかもしれないが、大らかに酒を飲むことと、大酒を飲むことは月とすっぽん、軍艦とバケツ、雲泥の差がある。

大らかとは、酒を飲むときにくよくよ考えず、月給や地位に合わせて酒のランクを決めたりせず、自分に合う酒を見つけて楽しく飲むことで、それが良い酒飲みといえる。

実は良い社員になることより、良い酒飲みになることの方が十倍難しいのだ。時折、女を酔わせて何とかという不心得な人がいるが、酒に弱い女は飲みすぎると直ぐゲロを吐いて始末に困るし、強い女は平均して男より強いから、上手《うま》くいくことなんてまずない。逆に酔った振りをして引っ掛けられることに気をつけたほうが良い。

酔わない女は憎らしいが、酔いどれ女は腹が立つ。酒は友情も深くするが、友情を傷つけることもある飲み物である。

好きな酒を飲みながら心地良く酔う。そして基本は、まわりに迷惑をかけないことである。大酒飲みは、えてして自分と同じように相手にも酒をすすめる。これが迷惑で、自分だけ酔っている奴の方がまだ許せる。

酒席での酔いざまで、時折り出世を棒に振る人もいる。上司はその場は笑って済ませても、その奥に光った眼は、その男に一生許せない烙印を押している。貴方の場合は、酔って失敗することはないが、酒で肉体を痛める結果になり、やはり出世は期待できない。

良い酒なら、五合も飲めば充分すぎる。そして、週二日休肝日を守れば、それで寿命は十年伸びる。

酒を飲まないと元気が出ないいんだよという貴方は、実はすでにアルコール依存症にかかっていて、残念ながら成功とは遠い存在である。

『アルコール依存症』

大量飲酒者とは、アルコールを一日百五十cc以上、日本酒に換算すると五合以上の酒を毎日飲む人のことを指し、約二百三十万人がそれに当たります。そのうちアルコール依存症で精神病院へ入院する人が十万人、一般の病院で治療している人が五十万人といわれています。国税庁の『酒類に関する世論調査』によると、酒を飲む人の数は年々増加しており、昭和三十年に二千六百万人だったのが、平成六年には六千四百万人になっています。

社会進出にともない、女性の愛飲家が増えたからだと容易に推測できますが、「女性の皆様。自分の金で飲んでください」と言いたいです。

外見過信障害

【ビジネス・ワクチン】

おしゃれとは酷い肉体と年齢を気づかせないようにすることで、自慢するほどのものじゃない。

背広の襟《えり》に穴飾りがある。もとはバラを挿《さ》すものだったのだろうが、今はそこにバッジをつけている人が多い。あんな穴飾りがなくとも、バッジはつけられる。無用の穴と思うが、襟にあの穴がないと、何となく間が抜けた感じがする。

ネクタイにしてもそうで、役に立つとすれば、止血のための三角巾代わりぐらいである。所詮は、女性の首かざり的な装身具といえる。

ところが、この装身具がビジネスマンの象徴である。私はビジネスマンですという看板といえる。自由業である芸術家などは、まずネクタイをしない。それは、ネクタイに組織を感じるからである。しばられたくないという意識である。

世の中には、らしくということも大切とされている。一見してそうと判る方が対応し易いのである。やくざは黒服が似合っており、サファリルックのやくざは、強そうに見えない。高校生は高校生らしく詰襟《つめえり》にしてほしいと思う。らしくというのは、自分が現在置かれている立場を認めることである。女教師はノーブラでは困るのだ。

女房は女房らしく、ホステスはホステスらしい服装が良い。女房がホステスまがいの服装をすることから、間違いが起きる。その点、制服ははっきり職業が分かるので良い。なぜか制服は誰にも似合うのである。

ちなみに、風俗店での人気の制服のベスト3はナース、スチュアーデス、セーラー服の順だそうである。婦人警官の制服はあまり人気がないらしい。その理由は？　ここで述べることではないので……。

最近の女子学生は制服のデザインによって学校を選ぶほどおしゃれになり、有名デザイナーはもてもてらしい。

ＯＬも医者も警官も、仕事着は別にあるが、ビジネスマンのスーツは仕事着であり外出着でもある。仕事着は安物でも良いが、外出着は時には会社を代表する場合もあり、あまり安物というわけにはいかない。

といって、部長より高いスーツを着ていたのでは、大学生の息子をかかえて古いスーツで我慢している部長にヒガまれて印象を悪くする。まァ、せめてネクタイを変えて満足するしかないのである。

ビジネスマンのおしゃれには自由業のおしゃれと違って、そのような制約がいろいろある。おしゃれとは、高価なものを身につけることではなく、自分に似合うものを身につけることである。

似合うとは色や柄だけでなく、その人の身分や収入に見合っているかどうかである。二着で三万のスーツに、一本二万のネクタイは似合わない。バランスのとれた服装が大事で、靴だけが、時計だけが突出しているのは似合わない。

課長は課長に似合うおしゃれ、部長は部長らしいおしゃれ、社長になれば節約もほどほどに、会社を代表する身だしなみが必要である。

そう、おしゃれとは身だしなみである。そして自分の中でのブランドを大切にする。身分不相応のおしゃれは、おしゃれとはいえない。そこを勘違いしないことである。

『おしゃれ』

高級ブランドバッグは、一般的におしゃれでしょう。しかし、それを持って近所のスーパーにお買い物に行くのはセンスがありません。

いくら良いものを持っていたとしても、使い方を間違えては何もなりません。また、小中学生がそれを持っているのも、センスがありません。中身がともなっていなければ、宝の持ち腐れです。

ビジネスの世界で、おしゃれはあまり必要ではありません。必要なのはセンスです。センスのある人は、物の使い方や判断力が的確で、おしゃれではないものをおしゃれに見せる演出に長《た》けています。

グローバル感覚異常

【ビジネス・ワクチン】
時代は常に変化する。

ペルーの黒船が出現して、鎖国か開国かで揺れた時に似た対応が迫られているのが現代である。

その昔、我が国は藩と藩が戦っていた。その後、信長、秀吉、家康を経て天下統一が目指され、官軍と幕軍が戦った明治維新を最後に、国内での戦争はなくなった。しかし、人間の征服欲は変わらず、大東亜共栄圏を目指す日本は、第二次世界戦争を引き起こして米英に敗れた。

今も米英は、世界制覇を目指して各地で戦争をしているが、国連という組織が作られ、様相は変化しつつある。今、中東で争われているのは、どちらかというと宗教戦争であり人種戦争であるが、それも終わり、次は世代戦争となる。

そして、地球内での争いがもしなくなるとすれば、それは宇宙戦争の勃発である。どこかの惑星に生物が存在して、その生物が地球を制服しようとした時、地球は一つにまとまる。そのきざしが国連であり、通貨の統一でもある。

人類は、次の宇宙戦争へ向けての対応の用意をしているといえる。世界は今、グローバル化の速度を早めつつある。その影響が現われ始めた。世界経済は、国際的な相互依存が高まる中で先行き不透明なのが現状である。グローバル化の波は、ミクロレベルでさらに進んでいる。

我が国でも、日産自動車がルノーの資本支出に頼るなど、世界再編の波に巻き込まれている。他の職種でも、企画から販売に至るまで国内だけを考える時代は過ぎた。

材料は米国から仕入れ、デザインはパリ、製造は人件費の安い中国で、そして販売は日本でというふうである。また、メイドインジャパンを外国で売ることを考える時代である。

経済分野だけではない。北朝鮮の脱北者やイラクの難民がアジアへ流れてくる問題をどう解決するのか、難民支援の法律が出来ただけでは片づかない。今や過去の国家主権の枠組みにとらわれていては解決しない。

米国が咳をしたら、日本が風邪を引くともいわれた時代は過ぎた。サーズを思えば判る。香港から世界へ蔓延《まんえん》した。地球規模で考えなければいけないのはこれだけではなく、環境の問題も大きい。地球の温暖化、大気汚染などだが、私は宇宙の星の一つとして、宇宙の近所付き合いも大事にしなければならないと思っている。

人工衛星を打ち上げるのもいいが、チャンと回収しなければ、粗大ゴミを捨てるなと宇宙の嫌われ者になるのを心配している。その頃に君は死んでるよというだろうが、私の霊がその辺を漂《ただよ》うかも知れないのである。

グローバル化というと、良いことだけのように思う人がいるが、悪いこともある例だ。新世紀を迎えたことで、益々この傾向は強くなって行く。宇宙戦争は、日本が鎖国から開国へと決断した以上の対応を、世界から迫られているのである。国家対国家ではなく、業界再編による企業対企業の争いの中で、貴方の会社がどう生きて行くか。その中での貴方の存在はどうか。気の遠くなるような小さいものである。地球さえ狭くなっている。

国際性と情報感覚さえ失わずにいれば、そうグローバル、グローバルと声を大にして言う必要はない。貴方はグローバルの階段を三段飛びで昇るより、今与えられている仕事を、一段ずつ上ることである。

『グローバル』

外資系企業が日本に参入してきたのは江戸時代末期ごろで、酒類の輸入会社です。日本の外食産業ナンバー1のマクドナルドは一九七一年に一号店をオープンさせています。同社の「ご一緒にポテトはいかがでしょうか」は、マニュアルという言葉を日本社会に広げました。すでに前述していますが、マニュアルだけでは心を通わすことはできません。

グローバルスタンダードも大切ですが、本来、日本には日本の、アメリカにはアメリカの経営システムがあります。それは根本的に異なって当然です。グローバルという言葉の元に、日本らしさという素晴らしい文化を失ってはいけません。

健康法不全

【ビジネス・ワクチン】

毎朝しっかりした便が出ればそれで良い。

私はほとんど健康グッズというものを買ったことがない。一度だけ騙《だま》されたというか、一応納得して踵《かかと》のない靴を買った。それを履《は》いて歩くと、いつも爪先立ちでいる体勢になる。それがどう身体に良いのかもう忘れたが、駅の階段でうっかり踵を付こうとして後ろへひっくり返り大怪我をした。初日のことである。

結局、一日坊主に終わった。知人に貰《もら》ったルームランナーも置き所に困り、運賃を払って引き取って貰った。糞《くそ》！

ひと昔前、自分のおしっこを毎朝飲むと体に良いという健康法が流行《はや》った。一時だけのものので、今も実践している人はあるまい。同様、色々な健康法が話題になっては消えた中で、食物に関するものは息が長い。

人間の最終的欲望は不老長寿である。そのために、あらゆることを試みる。にんにく、黒酢、卵黄、玄米、青汁など、健康に良いもの、すべてを試みても、身体に良いものだけをピックアップして食べるわけにはいかない。

ビタミン数種とカルシウム、カロチンなどの粉末だけを食していれば、栄養は足りるかもしれないが、空腹を癒《いや》すことは出来ない。つまり、翌日排便されるものを食べて生きているのが人間である。

入院している老人なら、チューブ入りの栄養素で生きていけるかもしれないが、それでは働くことなどできない。人は栄養分のみでは生きていくことは難しいのである。

毎日、自分の食べたカロリーを計算しながら、ノート何十冊に書き記して早逝した音楽家がいた。寿命には勝てなかったのである。

栄養なんて取り過ぎたら過多の分は、自動的に体内から排出される仕組みだ。気にしない方がよい。

運動選手の寿命が平均して短いのは、スポーツが長生きには向かないのかもしれない。となると、ジョギング健康法も眉唾《まゆつば》である。ごろごろ寝ている方が長生きらしいのは、仙人を見るとわかる。働いている仙人や走っている仙人は見たことがない。ゴルフは健康法に良いと親しむ人が多いが、ゴルフで熱射病になったり、心臓病で倒れた人を何人も知っている。

酒はストレスを解消して楽しいものだが、飲み過ぎると胃や肝臓に良くないことは誰でも知っている。酒に限らず、何でも過ぎれば良くないのは当然で、醤油だって一升飲めば死ぬし、セックスだってほどほどが良い。働き過ぎだって身体に良くないのは当然。すべてを健康に良いか悪いかで判断したら、無味乾燥な人生を送ることになる。

働くことが健康に悪ければ、退職するのかというと、そうも行くまい。働かないと食えなくて死ぬ。健康に良いものをイヤイヤ食べるより、そんなことを考えず、食べたい物を美味《おい》しく食べる方が身につくに決まっている。

いのちより健康と、健康のために自らの欲望を断ち切って幸福な人生かどうか。何らかの健康法をひたすら実践している貴方。

それに対して誰も異論は唱えない。ただお願いは、それを廻りの人間に勧めないで欲しいのである。貴方が上司であれば、部下は仕方なくそれを試してみることになる。義理で行なう健康法ほど、健康に悪いものはない。
ストレスの原因が健康法では、洒落《しゃれ》にもならない。

『健康法』

まだ私が幼いころ、父親が当時としては珍しいラドン温泉をオープンさせたときの広告です。

『金が大事か、身体が大事か、ラドン温泉』

そんな父親は、ここをオープンさせたときのハードワークがたたり、体を壊《こわ》しています。

ざっくばらん症

【ビジネス・ワクチン】
ざっくばらんで行こう。

忘年会や慰労会で本日は無礼講。ざっくばらんでやりましょうと言われ真に受けて、無礼講、ざっくばらんで対応したばかりに、後々左遷されたり、とんでもない目に会うなんてのは良くある話。

ざっくばらんとは、裃《かみしも》を脱いで気軽にという意味である。ズケズケ物を言っても、酒を飲めば裸踊りをしても良いということではない。

四角四面、かしこまって話をするよりは、打ち解けてざっくばらんに話す方が、互いに意志が早く通じることは確かであるが、ざっくばらんにも程度があって、過ぎても困る時もある。その限界の程度がなかなか難しい。

相手に打ち解けること、遠慮しない間柄になることは、ざっくばらんの効果ではあるけれど、踏み込んではならない一線もある。

これを節度と呼ぶ。

思ったことをストレートに話す。やりたいことを遠慮なく行動に移すのは、正直で結構だが、少々頭脳回路のずれた人である。

通常は、ここでその言語行動が適しているかどうかを、もう一度咀嚼《そしやく》して取捨選択してから表現する。

ざっくばらんは人柄にもより、ざっくばらんが似合う人、似合わない人がある。他人に打ち解けやすい人と打ち解けにくい人の差である。こちらが打ち解けなければ、相手も打ち解けてくれない。だが、こちらが打ち解けたからといって、かならず相手もそうだとは限らない。

打ち解けるとは、互いに警戒心をなくすということである。ホントに相手が打ち解けているかどうかの見極めもいる。といって、警戒をしながらのざっくばらんは、中途半端になって、こちらもどっぷりと打ち解けられない。

この辺りのあやが難しい。

ざっくばらんになるためには一瞬、紳士の仮面を互いに脱がなければならない。

現代社会では、多かれ少なかれ紳士の仮面を被《かぶ》らないで生活することは不可能に近い。

どんなにざっくばらんが生き甲斐の人であろうと、冠婚葬祭にはちゃんと紳士の面を被っている。

いかに新婚夫婦が過去に悪業の数々があり、学業はビリで近隣の評判が悪くとも、まったく素知らぬ顔で、妻は美しく才媛であり、夫は将来有望な青年と誉《ほ》めそやし、決して宴席の余興で裸踊りなどはしない。長年寝たきりの親が死んだ友人の通夜で、「これで楽になったネ、やっと」などとは言わない。

つまりT・P・Oを心得て、紳士を演じているのである。私は常に外見はざっくばらんである。顔がではない。着ているものがである。ジーンズにTシャツじゃ紳士ぶっても似合わないが、言うことは普通よりやや賢《かしこ》いと自分では思っているのに、他人はいつもざっくばらんでいいですねと言う。つまり着ているもので、ざっくばらん度を判断するらしい。私自身は目上の人のざっくばらんが好きだが、目下の人のざっくばらんは好きじゃないというイヤな性格のざっくばらん度人間でございます。

ざっくばらんとは、それで良い時とそれではいけない時を考えながら演じなければならない。その演出を考えるのが、その人の感性である。その人が生きてきた道程の中で身についた人心掌握術《しょうあくじゅつ》である。ざっくばらんの本質を、相手に見抜かれぬようにしよう。


『ざっくばらん』


先日、近隣の温浴施設で、父親の背中を流す親子を見かけました。何気なく見ておりましたが、最近このような親子の姿を見かけなくなったと気がつきました。近年、少年犯罪が増え、学校教育が問題視されていますが、家庭の教育現状はどうなのでしょうか。親が子供に礼節の教育をしているのか不安に感じます。

衣食足りて礼節を知るという言葉がありますが、経済が発展して生活が楽になれば、自然に道徳心も生じ、名誉を重んじて恥を知るようになるはずなのですが、今の日本は経済発展とともに敬老精神や目上の人を尊重するなどの、元来日本人が持っていた日本独特の礼節を忘れてしまっています。

基本的な礼節をわきまえて、ざっくばらんと行きましょう。

萎縮性イエスマン症

【ビジネス・ワクチン】
いつか花咲くこともある。

「ノーと言えない貴方」は、実は生まじめな努力家で、目上の人に逆らえない良い人なのである。

「この仕事、いつまでに」とか「この予算でなんとか」と言われると、相当難しそうでも、わかりましたと答えてしまう。

「どうです、出来ますか」「はァ何とか」

「大丈夫ですか」「やって見ます」

得意先だって上司だって、多少無理かも知れないという注文を、イエスと引き受けてもらって、ヤレヤレと胸を撫でおろしてエビス顔である。が結局、無理だったと分かった途端、相手はエンマ顔に変わって怒り狂う。

「だから大丈夫かと、何度も念を押したじゃないか」たった一度なのに、何度もとつけ加えて叱責される。

怒鳴られても無理なものは無理で、平身低頭、米搗《つ》きバッタのように申し訳ないと冷汗を拭き拭き謝るしかない。

イエスマンには二つのタイプがあって、何とか相手の要求に応じて機嫌をそこねないようにしようと、心ならずもその場をイエスで切り抜けようとする人と、子供がハイハイハイと重ね返事をするように、上面だけでイエスと言っている人がある。

後者は相手にも見抜かれていて、相談もされなければ、期待もされていない。

問題は前者で、得意先や上司のために「何とか頑張ろう」と良い返事をしたために信用をなくし、人間関係もおかしくしてしまった人である。だからといって、こんな人にノーマンになれといっても無理で、もし彼がいきなり「それは出来ません」と言ったら、相手は最初からやる気がないのだろうと疑う。

何でもノーと言う人に較べて、イエスマンは上司にとって気分の良い相手に違いない。そこを利して、「分かりました」と言ってから、条件戦争に入ると良い。

「このへんを何とかしていただければ……」

このへんが期間なのか、予算なのか。人材なのか色々だが、それによって難しい問題も一歩解決へ近づく。

イエスマンは相手に忠誠を尽くしているのに、そうは思われていないことが多い。

それは、誰に対してもイエスマンだからである。相手によってイエス・ノーの区別を始めた時、貴方はノーマークから注意人物に変わる。

いつまでもイエスマンでいられるわけもない。どのへんが潮時か、危険な賭けである。イエスが楽かノーが楽か分からないが、何でもイエスと引き受ける人もいる。ノーというと、その仕事は自分から去って行く。イエスと言ってから考えれば良い。断わるのはいつでも出来る。自分が出来ないものは他の人にも出来ないという自信だ。

だが、もしイエスともノーともとれる言い方があればもっと良いんだが、それは女に男の誘いを断わる言葉を教えて貰えば良い。どっちとも取れる言葉に悩んだことがあるはずだ。

イエスマンは家庭でもそうかというと、逆で大変なワンマン亭主であることが多い。会社での鬱憤《うっぷん》を家で晴らしているに違いない。多分、会社ではよほどイヤなことが山積されているのだろう。

心ならずもイエスマンの貴方。今の貴方の状況にイエスと言えますか。

『イエスマン』

独裁的組織は、ワンマン経営者が一人でありとあらゆることをジャッジします。この屋台骨を支えているのがイエスマンです。イエスマンは、現場にその指示をそのまま落とすだけです。個人の意見はまったく持ちません。

ですが、イエスマンが心をどこに置いているかは非常に重要です。トップの考え方に心底傾倒した上でのイエスなのか、思考を停止してしまってのイエスなのか。一枚岩の組織の怖《こわ》さはここにあります。

反対に民主主義的組織は、多数決・事なかれ主義です。みんなで決めたことなので、全員がとりあえずは動きます。しかし、これも自分の意見が反映されているようで反映されていません。

結局は、どちらも個性がほとんどないシステムのなかで、私たちは生活してしまっているように思えます。

慎重障害

【ビジネス・ワクチン】

歩かないと進まない。

ゴルフで何度も素振りをし、なおかつ考えている人がいる。ボールは考えていても飛ばない。打って始めて飛んで行く。スライスかフックか天ぷらか。その球の行方によって、どこが悪かったたか、欠点がわかるのである。

川を眺めているだけでは渡れない。橋を探すか、それとも靴を脱いで浅瀬を探して渡るかである。

「考え過ぎる人は働かない」とはユダヤの諺。

慎重熟慮の人というと立派な人物に聞こえるが、果たしてそうだろうか。慎重も熟慮も大切なことであり、石橋を叩いて渡る、その姿勢は、成功の基本でもある。だが、石橋を叩いても、まだ渡らない人もいる。こうなると問題だ。

ゴルフで考えた挙句《あげく》、ミスをしそうだからと止めて帰る人もあるまい。ゴルフ場へ来た以上、プレーしなければ意味がない。

ビジネスの最前線にいる以上、決断しなければプレーにつながらない。男女の仲もそうだ。慎重すぎると誰かに攫《さら》われる。貴方がほれたらそれで半ば成功だ。恋愛は互いの合意で成立する。とすればすでに五十%はある。相手だってむしゃくしゃしていて、やけくそでイエスと言うかも知れない。断わられたら貴方は運が良い。貴方を振るなんて奴は、よほど運が悪いか性格の悪い奴だ。

ものは思い様である。相手の気持ちなど、どんなに慎重に考えても分かるわけがない。石橋を叩いたって返事などしない。いつか口説くなら今だ、旨《うま》い物は宵に食え、決断あるのみ。

右か左か。行くか行かないか。やるかやらないか。二つに一つである。

結果は誰にも分からない。右に行けば右の結果が、左に行けば左の結果があるだけで、右に行って成功する人もあれば、左に行って成功する人もある。その又《また》逆もあることになる。右に行けば左とは縁が切れたことになり、右に行って左の道も同時には歩けない。右に行きながら、左に未練を持っても無駄である。

あの時、ああすれば良かったなどと悔やむのは、死んだ息子の年を数えるのと一緒で何の意味もない。

どうしよう、どっちにしようと迷っているうちに、日が暮れて夜道を行くことになる。ビジネスは、一瞬のおくれが成否を決することが多い。同じ道を歩むのなら、明るい方が良いに決まっている。

考えているうちにチャンスが、そっと横を通り抜けて行くかも知れない。

貴方はミスするかも知れない恐怖心を、慎重という言葉でくるんでいるのだ。

考えていることは、如何にしたら、その失敗が自分の責任にならないかという方法についてである。こんな上司につくと、部下は非難どころか、部下も良く知っていて、そうならないよう慎重に考えている。

じっとしていれば、ミスはないが成功もない。ただ座して年を重ねるだけである。

やって見なきゃ分からないことは、やって見なきゃ分からないのである。慎重も熟慮も良いが、そのあとに断行と続いて、すべてが生きてくる。

とにかく、やってみましょう。貴方の責任で男らしく。ビジネスで殺されることはないんだから。駄目モトである。成功すれば栄光が待っているかもしれない。

『慎　重』

慎重な人の一部に、心配性な人がいます。脳内にある物質でD４と呼ばれるたんぱく質は、新しい物好きです。これが多いと、失恋しても比較的早くほかのことに関心を移すことができます。

日本人はもともとD４が少なく悩みやすいので、心配性の人は、肉類に含まれている必須アミノ酸を穀物や野菜と一緒にバランスよく摂取してください。

思い切った行動をするときに焼肉を食べ、ビールを飲むと、心配や悩みが消え、成功につながるかもしれません。

一見がんばり障害

【ビジネス・ワクチン】
遊びなら良い。

一時、モーレツという言葉が流行《はや》った。その時のモーレツ社員は、不眠不休で会社の仕事をしたのである。

今、そんな社員はいない。昔はよなべ仕事といって朝まで働くこともあったし、テツマンと称する徹夜麻雀をしたり、朝まで飲み明かしたりする社員も多くいた。もちろん、そんな理由をつけて、帰宅回避していた不心得者もいたが、最近はそんな会社も社員も少なくなった。会社は国から労働時間を守るように言われ、社員は妻から帰宅時間を喧《やかま》しくいわれる。時々、お目にかかるのは、「朝までに企画書を出さなきゃいけないから、今夜は徹夜だよ」と、長時間労働を嬉しそうに嘆く社員である。

夜十時から始まったとして朝の六時までで八時間、ぶっとおしで何枚の企画書を書くのかしらと思う。考える時間も入れてのことだろう。多分、書いている時間はその半分か三分の一。

八時間といえば、貴方が出勤して退社するまでである。その半分の四時間として、もし貴方が無駄口を叩かず、OLをからかわず、鼻くそを丸めず、コーヒーブレイクを取らずに頑張れば、一日か二日で、その仕事は勤務時間内に完成したはずである。それでも足りなければ、同僚とカラオケに行く時間をちょっと節約すれば済んだに違いない。

いや、とてもとてもと言うなら、貴方の仕事振りはよほど要領が悪い。

長期出張でデスクワークする時間がなかったとしたら気の毒な話だが、夜の街の探索さえしなければ、出張先でも企画書くらい書ける。時間も資源である。無駄にしてはいけない。いや、急に必要になったからとは言い訳である。多分、起こり得る数日後の仕事を予測できなくては、貴方の成功はない。予測できれば、それに対する対応をしておくことこそ大切な成功への道である。

長時間労働、徹夜しなければいけないのは、日頃の怠慢である。長時間労働を会社のためと思っているなら、大変な誤解である。

会社は、そんなことちっとも望んではいない。実に迷惑な話で、残業の手当や電気代が勿《もっ》体《たい》ないとケチなことをいう気はないが、家族円満のため、本人の健康のために一時間でも早く帰ってもらいたいのである。

麻雀や飲み会で徹夜したなら、個人としては後ろ暗いから、翌日はかえって仕事に精を出すが、会社の仕事で徹夜したとなると、大義名分もあり、翌日の気力低下は目に見えており、会社にとって大いなるマイナスである。

会社にいたという事実と、仕事をしたという事実は違う。

会社で残業しなくとも家に持ち帰れば、家での会社の評価は下がる。「家でしたって、残業手当はつかないでしょ。会社はずるいわね」という具合である。

会社は残業などして欲しくないが、貴方は自分の気分を満足させるために長時間労働をしているだけのことである。

普段、時間を無為に過ごしている人ほど、実は労働時間が長いという統計がある。お金も時間も、無駄使いすると貧乏になる。

徹夜はやめよう、ナポレオンだって三時間は寝た。

『徹 夜』

私の会社で夜遅くまで仕事をしていたり、徹夜をしていたりするスタッフがいますが、よくよく話を聞いてみると、その必要性がないこともあります。長時間働くことが美学だと勘違いされては困ります。

私の会社のある役員の話ですが、成果を上げる勝利の方程式があります。各自の仕事に対する能力×情熱×時間＝結果というものです。能力に不足を感じている人は、情熱と時間でカバーします。数字が少々苦手な社員でも、この方程式は共感を呼び、非公式な理念ですがかなり浸透しています。

これは私の組織で、スーパースターを多く輩出することが出来ている原動力になっていると思っています。また、こんなモーレツビジネスマンが多く残っている組織を、私は誇らしく感じています。

悪性ＭＥＭＯ

【ビジネス・ワクチン】

学んだ気がする。

国会では議会開会中は、速記者が議員の質問や答弁を議事録にするため速記している。だからといって、彼らが政治に詳しいかというとそうではない。書き記すことと内容を理解することとは、まったく別の問題であるし、書いたことを覚えているかというとそうでもない。

彼らは書き残すことが仕事で、それを覚えたり理解する必要はないのである。

会社でメモ魔といわれて、何でもメモを取る人がいる。そういう人は一見几帳面《きちょうめん》で忠実に見えるが、実はそうでもない。つまり、メモすることと覚えていることとは関係がないことは、先に言った通りである。

私など思いついたことをその場でメモしないと、五分のちにはすっかり忘れてしまう特技を持っている。また、自分が書いた字を自分が読んで分からないという才能も併《あわ》せ持つ。でも、大金の隠し場所とか皇居の園遊会に呼ばれたとかなどなら、メモなど取らなくても覚えているだろう。

忘れるというのは、大したことではないと思っている証拠だ。それも忘れるようになれば、立派な健忘症である。それに年齢によるボケも加われば、もうメモなどするより引退するべきだ。

会議などで熱心にメモを取っている人は、メモを取ることに神経を費やし、会議の内容を理解しようという姿勢に欠けているし、その余裕がない。むしろメモなどせず、発言している人の顔や態度に頷《うなず》いている人の方が内容をよく理解し、どんなことを言ったかを覚えている場合が多い。

メモは上司の発言や会議の決定を誰かに正確に伝えるためか、仕事の段取りを間違いなく行なうための自分への覚え書きである。

つまり、仕事を順調に進めるための手段で、相手の発言を後で検証するための記録ではない。それは、会議録やテープに任せれば良い。

学生が講義をノートに取っただけでは、勉強したことにならない。目的はそれをもとに学ぶことである。

メモも、それを如何に仕事に役立てるかが目的である。せっかくメモを取っても、それを活かすことが出来なければ、メモ用紙の無駄使いである。

上司との話を、一々メモ用紙を出して一言一句、細大洩らさずメモしようとしても、とても日常会話のスピードに付いていけるわけがない。日時、場所、名前、数字といった間違って記憶する可能性の多いことや、会話の要点だけを書きとめれば良い。

新聞記者と話しているのじゃないから、メモを片手に会話されたら、上司もイライラして会話にならない。こんなことくらい覚えろよと言われる。相手の言うことを、目を見て理解しながら聞いていれば、メモなどいらないはずである。

メモをすると、メモに頼って脳の記憶装置が活躍しなくなったことは、携帯電話が出来て以来、電話番号を覚えなくなってしまったことで分かる。

メモ魔といわれる人たちは、メモを取ったことで、それで目的を達した気分になって、本来、記憶しなければいけないという内容を忘れてしまうから叱責される。

「君は何のためにメモしたんだ。もう、忘れたのか！」

メモは覚えられない要点のみを書く。要点が何かを分からない人は、書いても書かなくても同じである。

『メモ』

「メモ魔」と呼ばれる人が近くにいませんか。とにかく話の間、ずっとメモを取っています。しかし、さぞかし話を理解してくれているだろうと思い、後日そのネタで話しかけると、これが理解してくれていないなんてことがあります。

その人は、メモばかりに気をとられて、話し手に気を向けていなかったのでしょう。もちろん、メモを読み返すこともしていなかったのでしょう。

英語アレルギー

【ビジネス・ワクチン】

スワヒリ語をやってみよう。

米英と戦争していた頃、英語は敵国語で、中学では授業時間をうんと減らされた。それでも英語の時間はあって一応習うことは習ったが、キングスイングリッシュで、上流階級の英語である。

だからというのはまったく理由にはならないが、その頃の生徒は何とか英語は読めても、会話などとてもである。野球の審判がアウトは「ダメ」、セーフは「よし」といってたくらいだから。その頃の生徒は、大人になっても英語には劣等感を持っていた。それを克服した現在の高齢者の努力は大したものである。

最近、小学校では英語を授業に取り入れた。それにしたがって、英語塾も増えた。犠牲になるのは国語である。もちろん、英語が話せるということは、これからの国際社会を考えれば必要なことであり、結構なことに違いない。

でも根本は、日本語が出来ての話である。英語検定の上級を取ろうとも、英語で育って生活している人には遠く及ばない。彼らは英語で考え、英語で話す。

読み書きも一緒。日本人は日本語で考えてから英語で話す。その違いである。

どのくらい英語が出来ますかと聞かれて、英語で喧嘩が出来ますと答えれば本物である。言葉は人間の思考力の源泉である。自分の頭の中で考えられること以上は、活《い》かすことが出来ない。喧嘩というのは、思考力を失った上でのこと。その時に出る言葉がその人間の持っている言語である。日本人なら、大阪弁のことも名古屋弁のこともあろう。

外国の大学で、日本人の留学生と日本語を習っている各国の学生に漢字ゲームをしたところ、日本人学生が外国人学生に負けたという話を聞いた。中国人学生はいなかったそうだが……。

由々しき一大事である。確かに日本語は難しい。カタカナ、ひらがな、漢字があり、漢字は世界で一番難しい文字といわれている。それが外国人に負けていては洒落《しゃれ》にもならぬ。

貿易会社でもツーリストでもないのに、朝礼も会議も英語で行なうという会社があった。語学力を高めるためには役に立っただろうが、営業成績は高まらず、苦しい展開が続いているという。

英語が堪能なのは良いが、まず何を言うかを日本語で考えなければならない。そのためには国語の勉強が先である。一に国語、二に国語、三四が無くて、五に数学といわれている。英語など知らなくても食っていける。

ただ職業柄、特に外国人と接することの多い人にとって英語は不可欠なものであるが、世の中にそれほどそんな職業の人ばかりがいるとも思えないのだが……。

本当に自分の子供を英語を職業とする仕事につかせたいと思うなら、何もいわず外国に移住することである。十年勉強するより、一年生活する方が早く馴染《なじ》める。それか外国人の恋人を探すこと。英語しか通用しない時間を、どれだけ持つかである。

何かというと社内で英語を喋《しゃべ》りたがる人は、弱いやくざが矢鱈《やたら》に刃物を振り回すようなものである。チャント英語の出来る人は、チャントした日本語で話す。付け焼刃の人に限って横文字の、しかも専門用語を使いたがる。小学生には小学生に理解できるように、専門家にはそれなりにと相手の理解度を考えるのが会話である。
その会話は、国語がどれだけ出来るかにかかっている。
英語もよいが、まず日本語をもう一度勉強し直そう。

『英　語』

最近は外資系の企業様とお取引をさせていただくことが多くなりました。もちろん会話は英語です。と言いたいところですが、私はまるっきり話せません。勉強しようと試みましたが、ある方に、「加藤さん、勉強しなくてもいいですよ。あなたには高い通訳をつけますから」とあっさり。

さすがです。その方は一瞬にして私が英語を勉強する手間と通訳さんの人件費を計算されたのでしょう。生まれて初めて勉強しないで良いと言われました。

気配り困難

【ビジネス・ワクチン】
相手に気を使わせるな。

石田三成幼少時代の故事がある。喉の乾いていた秀吉に茶を所望されて、まず最初に温かい茶を出し、それを飲み干してもう一杯と云われた時は、熱い茶を出したという話である。喉の乾きをいやすために、熱い茶では一気に飲み干すことは難しい。温かければ一気に飲み干せる。ついで後はゆっくり茶の味を味わえる熱い茶を供した。その気配りを買われて、秀吉の側近に取り立てられたのである。

　秘書が出張帰りの社長に、さっそく温かめの茶を出した。社長は有難うと一気に飲み干したが、秘書は立ち去ろうとしない。

　社長はまだ何かというような目で見ると、もう一杯いかがですかという。社長はいや結構、一杯で充分だというと、秘書は二杯目に熱い茶を用意しておりましたのにと、残念そうである。

　社長はこの見えすいた気配り秘書を、さっそく配置転換したという。

　気配りというのは、その時に応じて相手に気づかれぬようにするもので、計算づくの気配りや、あからさまに相手に分かる気配りならしない方が良い。

　そして、その気配りが相手にとって心地良いものであるかどうかも大切である。

　行き届き過ぎた女房の気配りを、時として疎《うと》ましく思う夫もいる。先へ先へ読まれていると息苦しくなるのである。夫婦が離婚するのは、お互いに対する気配りが足りないことが多いと思う。バツ五の私が言うのだから間違いない。

　そしてその気配は密《ひそ》かに迫ってくる。駄目かなと思った時は、ほとんど終わりである。それから無理しても復活は難しい。

　気配りは事前にするもので、事後では屁と同じで馬鹿にされるだけ。遅くなるのに比例して出費が多い。これは会社内でも通じることである。

ＯＬはお茶汲《く》みが仕事ではないが、上司たちに毎朝お茶を入れる。これはサービスである。上司一人一人の好みによって、濃くしたり薄くしたりするのが気配りである。

社長は社員を家族の前で叱責しないこと。上司がファッションホテルの前にいたら、遠廻りして出逢わないようにすること。上司と同じ柄のネクタイやそれより上等のネクタイをしないこと。これらは気配りの常識である。

行きつけのバーで部下が何人か入って来たら早々に退去してやることは、上司としての気配りのいろはである。ここでそっとボトルを一本入れてやれば、上々の出来なのだが……。

気配りとは、相手が感じること、望むことを先取りしてこちらが対処することをいう。だが、相手にそれと気づかれると、逆に気を使わせることになる。

武士が暗闇で何かの気配を感じると身構える。気配は相手に悟られたら終わりである。気配りと気配は同じといえる。ただ会社の仕事は命のやりとりではないから、気配を感じても感じないような振りをすることも気配りの一つである。

秘書はサービスと気配りが仕事だが、それ以外の職場は、そうそうそればかりに気を使ってはいられない。気配りは一流だけれども、仕事は二流では意味がない。

男は黙って良い仕事をする。それが会社への気配りである。

『気配り』

最高の気配りは、相手がそれを気づかないところにあります。何もかも無駄なく普通にしてあるところです。

お客様がお見えになったら、迷うことなくすぐに担当者と会うことができ、出されたお茶が熱くもなく、ぬるくもなく飲めるところにあるのです。

気配りの難しいところは、人間が本来もつ欲に反するところです。人間は自分の存在を誰かにアピールしたいものです。あなたのために「これをしました、あれをしました」と言いたくなるものです。そこをぐっとこらえて、心の中で自分の喜びに変えることができる人が、気配りの達人になっていくのではないでしょうか。

慢性言い訳症

【ビジネス・ワクチン】

くどくど言うな。

「お店が休みの日、道でお客さんに声かけられたの。お茶飲みませんかって、お客さんだしネ。断わるのも悪いと思って近くの喫茶店に入ったの。そしたら喫茶店にビールがあって、一杯ぐらいというから少し飲んだのよ。表に出て散歩しましょう……って言うから。酔いをさますつもりで散歩してたの。カラオケって書いてあったから入ったらモーテルよ。歌うだけって約束をして、二、三曲歌ってたら、その人、約束を破っておそいかかって来たのよ。抵抗したんだけど、とても男の人の力にはかなわないでしょう。結局、そうなって子供ができちゃったの。仕方ないでしょう。みんな男が悪いのよ」

ホステスの言い訳である。自分は悪くない、という自己保身のためでしかない。誰もその言い訳を納得しているわけではないのだ。

言い訳は、失敗の原因と理由を客観的に述べているだけだと思うから、いつも言い訳がつきまとう。うまく行かなかった言い訳が、これだけあったのかと思うほど出てくる。「客が悪かった」「不景気だから」「資金が足りなかった」「人手不足」「雨が降った」。しまいには「あいつが悪い」と、人のせいにし始める。

出来ない理由を百並べても、出来ることにはならない。プラスには作用しないものである。中には、言い訳を考えてから仕事に入る人もいる。

木下藤吉郎は、各大名が失敗した清洲の墨俣城を僅か一夜で完成させた。となると、失敗した大名たちの言い訳は色あせてくる。

言い訳の退路を断って事に当たった藤吉郎は、言い訳を考えず、どうしたら出来るかを考え、誰も気づかなかった方法を見出したのである。

言い訳は人間の値打ちを下げて見苦しい。器量さえも小さく見せる。

しかも、自分の足りなかったところを反省するチャンスを失う。反省しない人間は成長がない。

こんな人に限って成功すると、俺が俺がと自分の手柄にする。

「私には出来ませんでしたが、彼なら出来ると思います」

単なる言い訳ではなく、こうすれば出来るという言い訳。言い訳の中でも、まだ可能性がある。

車が混んでいようが、忘れものをしようが遅刻は遅刻。理由など誰も知りたくなんぞない。女に誘われようが、酔っぱらった挙句であろうが浮気は浮気。言い訳で妻が許してくれるわけはない。

私の良いところは、まったく言い訳をしないところだ。だが、そのために五回も妻に逃げられた。言い訳したほうが良い場合もある例だ。親が死んだ時も、言い訳の材料にはしなかった。死者を言い訳の材料にしては霊が浮かばれない。休めば「連絡ぐらい出来ただろう」というだろうし、遅れれば「も少し早めに家を出ろ」とか、言い訳に対する文句が続く。それが面倒なのだ。「御免なさい、忘れてた」といえば、それで終わる。言い訳を考える知能もないし暇もない。

言い訳が成功すると、失敗の本質を見失う。貴方にとってマイナスである。

といって、言い訳をしないと不貞腐《ふてくさ》れてるように見えるし、辛いことは辛い。

『言い訳』

人間誰しも自分がかわいいのです。叱られるのも嫌です。だから、何か失敗をしたときに、自分のせいではないのだと言い訳をしてしまいます。私はそんな人を、『いいわけ大魔王』と呼んでいます。失敗には、どこかに自分の落ち度があります。そこを素直に悔いて欲しいのです。私とともに歩んでくれている人で、自責の念の塊《かたまり》のような方がいます。

大型台風が日本に上陸し、大阪地方でかなりの被害を受けたことがありました。その翌日、台風が過ぎ、落ち着いたころに、彼が私のところへきてこう言うのです。

「社長、すみません。看板ひとつ飛ばしてしまいました」

まるで彼が看板を放り投げたような言い方で、頭を下げるのです。台風で飛んだのだから事故なのに、台風の「た」の字も出さない彼に、私はぐっと引き寄せられた気がしました。

正直硬化

【ビジネス・ワクチン】

嘘をつくには頭脳がいる。

〝正直にいいなさい。嘘をつくと鬼に舌を抜かれますよ〟と親が子供を叱る。そもそもこれが嘘である。鬼なんぞこの世にいるわけはないし、舌をペンチで抜く医者も知らない。親は子供に嘘をついて、正直の教えを説いたのである。子供にしても叱り言葉を聞きながら、ここは正直に話すべきか、嘘を通すべきかの判断を幼い脳で考えている。親の脅《おど》しを真《ま》に受けているわけではない。

正直人間を自負している貴方。嘘をつかれることを極度に嫌う貴方。そのピュアな気持に水をさす気はないが、現実は少々、正直に対してきびしいのである。

戦後すぐの食糧難時代のことである。職業柄、闇物資を購入することは、自らに対して不正直だと頑張って餓死した裁判官が話題を呼んだ。正直が生んだ悲劇といえる。しかし、もし裁判官が闇をやっていれば、人々は非難したに違いない。

武士の策略。商人の駆け引き。芸者の口説は、昔から許された嘘である。この嘘に対して欺《だま》されたという手合いには誰も同情しない。卑怯《ひきょう》とか引っかかったというのは、欺された方が悪いとされている。嘘かどうかを見抜くのが人間の力量である。

企業対企業は戦いである。戦いには謀略がつきものである。その謀略の手先となって働くビジネスマンである以上、自分だけ正直者でいるわけにはいかない。

ビジネスマンは商人である。商売は駆け引きがあって始めて成り立つ。正直一辺倒では儲《もう》からない。その儲けで会社の禄《ろく》を食《は》んでいることを忘れてはいけない。

許してはならない嘘もあれば、許されるべき嘘もある。同様に正直であるべき時と、正直ではいけない時もある。これを〝嘘も方便〟といい、仏に許された嘘なのである。中曽根さんは、自民党が嘘をついたと悲憤慷慨していた。終身比例第一位にするという約束で、小選挙区から比例へ廻った。それが定年制度が出来て引退を勧告された。今さら選挙区は譲った後である。二階へ上って梯子《はしご》を外された。中曽根さんが正直爺さんとは思わないが、馬鹿を見たのは事実である。

日本の政権政党が国民周知の嘘をついたのである。日本の首相が約束を破って平然としている。

〃権謀術策、浮世のならい〃ここまでいうと、まるで嘘が王道で、正直が邪道のような感もするが、まったくそんなことはなく、やはり嘘はいけない。〃嘘つきは泥棒の始まり〃で、正直こそ美徳なのである。ただ〃正直者は馬鹿を見る〃ということも承知して欲しい。

〃正直の頭に神宿る〃といわれるが、神といっても貧乏神もいる。どうも正直と金とは、相性が悪い。イヤな世の中である。

正直な部下は上司の信頼は厚い。だが、この上司がこの部下を自分の片腕とするかどうかとは別の問題である。仕事がやり手で正直者という社員は、残念ながら大変少ない。正直社員は、自分同様に相手も正直だと信じて営業競争に欺《だま》され、出世競争に敗れるのである。

正直が取り柄で勝ち残れば、素晴らしい美談である。嘘ばかりでゴマをする社員などいなくなれば良いのだが……。正直万歳！　貧乏万歳！

『正　直』

正直な人とは一般的に、嘘をつかない人に対して使われるときが多いようです。私も当然そのように思うのですが、その中で大切なのは、何に対して嘘をつかないかということです。他人に嘘をついてはなりません。それ以上に、自分に嘘をついてはいけません。上司からの納得のいかない指示に、「はい」と答えているあなたは、嘘つきの始まりです。

複雑性ホンネ疲労

【ビジネス・ワクチン】
丸い卵も切りようで四角。

男は誰でも、おばはんよりは若い女が好きである。みんなそう思っているのだが、おばはんばかりの寄り合いでは、そんなことは言わない。若い女は生意気で気が利かなくって……、などと言う。ホンネは若い女なんだが、タテマエはそんなことはないと言う。これが世の中円満に行く秘訣である。

ところが、最近は平気で〝おばはんは暑苦しいからあっちへ行け〟というようなホンネを言う若いもんが増えた。タテマエで行くより、ホンネで行く方が楽という昨今の風潮である。世の中、ホンネが幅を利かしてタテマエが小さくなると、ギスギスとしたいがみ合いが起きる。

〝よう、どうしたずいぶん痩《や》せたネ。ガンじゃないか。俺の親爺もガンだったが、ちょうどそんな痩せ方だった。気をつけろよ〟

言っている本人は心配しているつもりだろうが、言われている方は気分が悪いことこのうえもない。

〝よう、ずいぶんスマートになったネ。肥えるより、ちょうどそのくらいが良いんじゃないか〟なんて言われると逆に、

〝でも元気そうだよ。良かったネ〟で、円満な関係が持続する。

タテマエは仮面で、ホンネは本心である。仮面同士の会話より、本心での会話こそ人の結び付きを強くするという思い込みは止めた方が良い。本心をさらけ出すことで、逆に争いになる場合も多い。苦い薬はシュガーコーティングして飲ませることが大事である。シュガーコーティングとはタテマエである。

丸い卵も切りようで四角、物も言いようで角が立つ。という諺があるように、太った人に

デブと言えば角が立つが、ポッチャリしているといえば、何となく愛くるしい感じがして怒られないですむ。痩せた人に鶏ガラみたいと言えば膨《ふく》れるだろうが、バンビちゃんみたいと言えば微笑《ほほえ》まれる。

私は本音を言う場合、相手を選ぶ。タテマエでしか喋《しゃべ》れない人とは付き合わないようにしているので、周《まわ》りにはだんだん人がいなくなってきた。

会社でホンネ人間を標榜《ひょうぼう》してズケズケ物を言うことを良としたり、形式的な挨拶なんて必要ない、大切なのは心であると思っている人がいる。

だが、心という存在は誰にも見せることは出来ない。見せることの出来るのは、たとえそれが作られたものにせよ笑顔であり、形だけではあっても頭を下げたという事実である。

相手のことをどう思っているか心を見せられない以上、何かの形で見せなければ通じない。善悪は別として、中元歳暮などはその一つの例である。

タテマエというのは、人間が長い間かかって身につけた一つの形式である。挨拶も、仕事のマニュアルも、ネクタイをしめることも、そうした方が無難だよという人間の知恵である。ホンネも結構だが、このタテマエを利用して人間関係を円滑にすることも、生きて行く知恵である。

だが、いつもタテマエばかりで過ごしていると、会社も自分も進歩がない。といって、言いたい放題ばかり言ってりゃ気分は良いが、そのうち誰からも相手にされなくなり孤立する。ホンネとタテマエの間を埋めて行く努力をすれば、貴方のホンネも生きてくる。

『ホンネ』

上司と部下の会話などで、「腹を割って話し合おう」という場面があるかと思います。しかし、そのような場面で聞くほうも聞かれるほうも、簡単にホンネで語り合うことができるのでしょうか。

仕事場でホンネを語りあうには、日頃からのオンジョブトレーニングが必要なのではないでしょうか。業務内容は常にトップダウン。部下の提案など上司は聞く耳を持たない状況で、ホンネを語る状況を作ることはできません。もちろん、その企業の将来性も疑問です。

トレーニングというのは、三つの勇気を持つことです。ひとつめ、部下は上司に対して常に問う勇気を持つこと。会社の方向性が分からない、受けた指示の意味がわからないなど、疑問を持ちながら業務に向かうことは効率も上がりません。ふたつめ、上司は部下の質問を聞く勇気を持ち、みっつめ、答える勇気も持つことです。

時には程度の低い質問もあるかもしれませんし、耳の痛いところもあるでしょう。そこから逃げ出さずに、答えをしっかり返すことが必要です。

過正義

【ビジネス・ワクチン】

月光仮面は子供の遊び。

寄生虫博士の近藤先生によれば、最近のアレルギー症状の多発は、人間の体内に回虫がいなくなったことも原因であるという。回虫というのは、みみずに似た寄生虫で、戦前は小学校でマクリなどという虫下しを呑んで、虫が体内で増殖しないよう追い出した。この寄生虫が、アレルギー菌と戦ってくれていたのである。

「水清ければ魚住まず」という諺がある。

泥水を吸って白い花を咲かせる蓮《はす》もある。

バンコクでの水上生活者は、その川で排便をし、そこで洗面をしている。それでも決して病気にはならない。幼少の頃からそれで育っているから、免疫が出来上がっているのである。

現在還暦を過ぎている人なら、子供の頃、肥溜めに落ちた人もあろう。戦前は糞尿《ふんにょう》や推肥《たいひ》で穀物や野菜を作っていたのである。敗戦後、アメリカさんが来てから化学肥料を使い始めた。殺虫剤で害虫も殺す代わりに、人間にも害を及ぼすことになった。虫がつくのは植物にとって自然なのである。虫食いがなくなって野菜は綺麗《きれい》になったが、毒薬が付着している。曲がった胡瓜《きゅうり》や茄子《なす》が店頭から姿を消した。真っ直ぐな胡瓜が増えたが、美味ではない。化学肥料のせいである。もともと胡瓜は曲がっていても不思議ではないものである。その方が美味で栄養も豊富なのだ。そもそも真っ直ぐが不自然である。ようやく最近そのことに気がつき、自然が見直され始めた。

人間も無菌で育てると、すぐに病気になり易い。年老いてからの遊びぐせは治らないのと一緒である。

会社でも上司の陰口を言い回る人、出張旅費を水増ししている人、ＯＬと不倫している人、アラを探せば、それぞれ何かある。

そんなことは一切許せないと、それを暴いて溜飲を下げているという正義漢は、いわば化学肥料の胡瓜である。それらの悪は、会社の浮沈にかかわることだろうか。それとも、その人を会社から失脚させるほどの悪なのか考えなければいけない。

売春はいけないと赤線を廃止したら、トルコ風呂が出来、それを取り締まれば風俗店が増え、主婦売春や女学生の援助交際が蔓延《まんえん》した。もぐら叩きと同じである。一つの穴を埋めるために別の土を掘り、その穴を埋めるためにまた別の穴をということである。これなら、まだ国が管理していたほうが性病予防には良かったことになる。私は決して赤線復活論者ではないが、物の理屈を言っている。

いかがわしさを世の中から絶滅させれば、実に味気ない社会になる。いかがわしさは食卓のスパイスだ。かけすぎてもいけないが、なければ淋しい。

正義の刃をふりかざすだけでは、会社は大きくならない。クリーン主義は結構なことだが、会社が儲《もう》けるためには、どこかでほんの少しだけ後ろ暗い部分がある。

企業と企業は戦いである。戦いには戦略がいる。謀略も戦略に入る。勝つためには相手を叩きのめすことも必要。それは会社のために正義ではあっても、一般社会ではどうなのか。人間が百人いれば百の正義がある。自分だけの正義感で判断してはいけない。

世の中から不倫がなくなって楽しいだろうか。酒も飲まず遊びも知らず、ただ誠実に仕事だけの石部金吉と友人になりたいか。そんな人が上司としてふさわしいかである。

少しの胡散《うさん》くささが、その人を許せる部分なのである。世の中は建前と本音、ウラとオモテで成り立っていることを忘れてはいけない。

『正　義』

日本だけで宗教法人の数は約二十三万法人、会員数は約二億二千万人で一人一つ以上、会員登録している計算になる。考え方や生活環境、立場が変われば、正義感は異なります。まして海を渡って国が変われば、さらに異なります。

世界戦争、アメリカの正義とイスラエルの国々のそれとでは、比較にならないほど異なります。もちろん、日本も異なります。アメリカのイラク攻撃は、果たして正義だったのでしょうか。アメリカ主体の正義倫理に異常さを感じています。

慢性理屈

【ビジネス・ワクチン】

理論は女の涙に負ける。

国会では、自衛隊の海外派遣が是か非かの論議で揉《も》めていた。そもそも、自衛隊の存在そのものが憲法違反という疑問がある。

その憲法解釈をめぐって、学者たちにも相違がある。国民は学問的なことは分からないままに賛否両論に別れている。特に女性は戦争はイヤという皮膚感覚で、否定派が圧倒的である。だが、国会議事堂の中では、合憲論が多数をしめている。違憲だと現実処理に困るからである。

その論理が正しいかどうかを決めるのは、神ではなく人間なのだから、その人間がどちらの論理が自分にとってプラスかマイナスで判断を下す。

人間が自己中心的にものを考えるのは、何万年も昔からの思考法である。天動説が地動説に代わっても、人間は自分を中心に世の中が回っていると考える。

魚釣りなんてのは実に残酷な趣味だが、魚は人間に食べられることが幸せなんだという説を唱えて納得している。牛は食べても良いが、鯨は駄目だという反捕鯨派の理論もある。鯨は人間に近いからというのである。一度、魚や牛や鯨に意見を聞きたいところだ。

「三寸の舌を以って百万の師より強し」という中国の故事がある。舌先三寸で国家を救った論客の話で、世渡りには言論が重要であることを説いている。

男と女は、理性的と感情的という点で相違がある。

男は女が理性的でないと馬鹿にするわりには、女が理屈っぽいと可愛い気がない女だと文句を言う。男は頭で考え、女は子宮で考えるといわれている。

男は物事を論理的に捉えるが、女は感覚的に捉えようとする。理論を理論で打ち破ることは出来るが、感覚的に捉えたものを理論で反論するのは難しい。

男と女が議論をしてなかなか決着が付かないのは、そんなことである。

女は感情に走るからと男は言うが、いったん女に理屈でやり込められると、今度は逆に男が感情的になる。それは口惜しいからである。

女は理論的ではないが、男の論理に少しでも筋が通っていないところを見つけるのは天才的である。その通っていない筋を結ぼうとすると論理が屁理屈になり、理論らしい仮面をまとったタワゴトとなる。

私に理屈を言わせれば、天下一品と自画自賛している。だが屁理屈が多く、女と同じで揚げ足取りが巧みである。世の中には理論に裏打ちされた理屈をいう人間なんて滅多にいない。底は浅い。だから問題の本質をすり替えながら、自分の得意の分野で勝負する。小泉首相と同じである。菅直人に追求されると、かならず郵政民営化に持ってくる。土井たか子は憲法で戦おうとする。

どの会社にも理屈っぽい人、屁理屈の巧みな人はいるが、あまり歓迎されないようだ。

理論的に物を考えられない人も困るけれど、理論を振り回す人も困るのである。

絶対に正しいというものがこの世にない以上、自分の論理だけが正しく、自分の論理に反するものはすべて偽《いつわ》りであると思い込んでいると、周囲に人がいなくなる。相手がいないと、自問自答するよりほかはない。

「俺はこれで良いのか」「いや、もう少し理屈を慎《つつし》もう」

『理屈』

自分の行動すべてに理論づけしなければ生きていけない人がいます。自分の振舞《ふるま》いに不足しているところがあるがために、口でカバーをしているのです。

こういう傾向の強いタイプの成功者とお会いしたことはありません。

人と人のコミュニケーションでは、言葉や文字にならないところに深みが出てくるものです。口だけで真の友情や愛情が育《はぐく》まれるとは思いません。

人から認めてもらいたいのであれば、上辺《うわべ》だけではなく、心から発せられる真実の一言が大切なのではないでしょうか。

洒落中毒

【ビジネス・ワクチン】
駄洒落は馬鹿にされるだけ。

世界の名宰相と謳《うた》われたチャーチルは、議会で国家に自らの生命を賭けているかと聞かれ、〝大英帝国の為ならいつでも生命を賭ける覚悟は出来ている。ただ、その時が一刻でもおそからんことを願う〟と答えた。外国では首相の演説でも、常にユーモアを忘れることがない。

こういうユーモアは、日本では往々にして不謹慎のそしりを受ける。

日本は経済一等国であるけれど、笑いについてはまだ発展途上国である。特にブラックジョークとなると、人間や職業等の差別を斜めに見る笑いで、一面真実を突いているだけに、笑いでありながら怒りと悲しみが混じっている。この屈折した笑いを受け入れる余地が、日本にはまだない。

だが、最近日本でもようやく笑いについての許容範囲が広くなってきた。最近では素人でも、日常会話に洒落《しゃれ》を連発する人たちが増えたが、そのほとんどはまったく他愛《たわい》もない駄洒落《だじゃれ》で、馬鹿馬鹿しいものである。

笑いには誰かが滑って転ぶと笑うとか、相手の失敗を笑いにする優越感からくる笑いと、ウィット、ユーモア、ジョークという言葉による笑いがある。

ウィットは気の利いた笑い。ユーモアは温かみのある笑い。ジョークは厳しい笑いと分類することができる。ブラックとまではいかなくても、ジョークの厳しさは、日本では受け入れるゆとりがない。洒落はこのジョークに当たる。念のために言うと、駄洒落はこんな笑いとは別のものである。

ユーモアもウィットもジョークも、言葉のファッションで、会話を楽しく弾《はず》ませる。

ただそれらは、許される範囲と許されない一線がある。

そのギリギリのラインは、相手によって異なる。冗談の通じる人、洒落のわかる人には、相当キビしい洒落でも笑って受け入れてくれるが、通じない人には、ちょっとした冗談でも修復できない傷となる。

ジョークに対して怒るに怒れず、笑わざるを得ない人は多少、知的水準の高い人で、怒れば野暮になることを知っている。逆に言えば、知的水準が高くなければ、効果的なジョークはいえないともいえる。

知的水準とはあまり関係のない駄洒落を、四六時中、会話の中に取り入れて悦に入っている人は罪のない人なので、あまり気にすることはないが、時たまその駄洒落に反応しないと、洒落が分からないのかと馬鹿にしたような顔をするのが困る。

駄洒落は、無視されても仕方のない、つまらない洒落である。駄洒落は大抵の場合、地口つまり言葉遊びみたいなもので、あまり知性とは関係がなく、馴れてくれば言える。

「滑って転んで大分県」「汚れたところを福岡県」実に馬鹿馬鹿しい、大の大人が言う遊びではない。分かったらこの辺で尾張にしたい、それが名古屋かだ。それじゃさよう奈良。面白いですか？　いいえお歯黒で。まあグロテスク。

それを粋がって連発していると、言っている本人の知的水準を疑われることになる。

気の利いた洒落を言うためには、言う人の知的水準を高めなければならない。

『洒　落』

コミュニケーションツールとして、言葉は欠かせないものです。洒落や冗談のうまい人はひとつの能力だと思います。しかし、それに乗じて、「全然いい」など間違えた日本語を使っている人や、T・P・Oをわきまえずに、いつも同じ調子でしか話すことができない人が増えています。

そうなりますと、それは能力ではなく、どちらかといえば無能の部類に入ってしまいます。洒落がさえてくるのは、シリアスな場面ではシリアスに、そしてその場面が終わり、緊張を解く必要が出たときです。

会社人間潰瘍

【ビジネス・ワクチン】
会社に責任をおわせるな。

昔と今とでは、会社と社員の関係が変化して来ている。昔、会社は社員にとって終身雇用制という生涯を共にする組織であったが、最近はただ単に現在の生活を守る、つまり給料をくれるだけの組織である。

だから昔は、会社に忠誠を尽くすことが常識であった。

もし今、会社に骨を埋める覚悟という忠誠社員がいるとしたら、会社にとっては有難迷惑な話であろう。最近の若い人たちで、会社に忠誠を尽くそうなどと思う人は少ない。国家にさえも忠誠心はない。もともと会社や国家を信用してはいないのである。会社は退職金をくれる前に倒産し、国家は約束した年金を赤字だという理由で払おうとしないからである。だから、そのために給与から天引きされる社員にはならず、フリーターが増えているわけだ。女房さえしかり、先の生活の見通しがつけば、ハイそれまでよである。そんなご時世に、会社人間は封建時代の遺物に等しい。

会社は墓場ではない。仕事場である。仕事の出来る人、儲《もう》けてくれる人だけが欲しい。新入社員が入って来ても、直ぐには役に立たない。月給だけの働きはしてくれない。むしろ高い給料の人間が指導に当たる。会社にとってはマイナスである。数年後一人立ちして、十年ほど経って、そろそろ月給と働きが見合ってくる。

それから十年。その頃になると、やっとその社員は、会社に利益をもたらす青い鳥となる。その頃をピークとして、だんだんバランスが崩れてきて、会社にとっては厄介なお荷物となってくる。定年まではまだ間があっても不要な存在なのだ。実はこの月給の高い社員を追い出して、安いのと入れ替えたいと思っているのが会社のホンネである。

〝糟糠《そうこう》の妻は堂に入りて下さず〟という諺がある。貧しい時に苦労した女房を、裕福になったからといって、新しい妻を求めてはならないという教えである。こんな教えが諺《ことわざ》にある以上、そうしたいと思っている男がいる証拠で、そうしないのは世間体を考えてのことである。働き盛りを過ぎたからといって、社員を粗末にすると、他の若い社員への影響が大きいと考える。評判がこわい。

会社にとって理想の社員とは、役に立つときだけ勤めて、役に立たなくなれば自ら去るという人である。ただ、役に立っているかどうかの判断が、会社と社員の間に差があるところが難しい。

会社に忠誠を誓うよりは、自分自身に忠誠を尽くし、力をつけることだ。己に力さえあれば、他社がぜひ欲しいと思う。最近はヘッドハンティング流行《はや》りである。ヘッドハンティングされたら、じっくり考えてあっさり受けることが良い。されたと吹聴《ふいちょう》して、止めてくれることを期待してはいけない。みっともない話であるし、止めてくれなければ哀れになる。貴方に力量があれば、会社は止める前に、それだけの地位と仕事を与えているはずである。

その仕事の成果を上げ、会社を儲けさせる。それは、自分と家族の生活を守るためでもある。損得抜きで自分の時間も能力も労力も、会社のためにと頑張ったのは、一時代前のことである。今は自分のために戦うことが会社のためになる、と考えるのが正しい会社人間である。

会社は戦場。貴方は戦士。勝たなければいけない。泣き言を言っているヒマはない。

『会社人間』

仕事とは読んでその通り、誰かまたは何かに、〃仕える事〃です。今となっては職種のひとつとなってしまったフリーターですが、彼、彼女らは自分が働かせていただき、お給料をいただいているという自覚はあるのでしょうか。

「お客様にご奉仕をして代価を頂戴《ちょうだい》し、今日も利益がたくさん出て良かった」と考えている時給八百円のアルバイトスタッフは、極めて稀でしょう。

私は決められた時間だけ働いて、決められた給料をもらうだけなんていう仕事は、つまらなくて耐えられません。責任もなく働いている人たちの、人間的なつまらなさを幾度となく見てきました。

しかし、会社人間と呼ばれる人たちは、親や家族のため、会社のために一所懸命に日々を過ごしています。失敗してもいいではないですか。何かのためにがんばるあなたは、素晴らしいと思います。

一過性目標

【ビジネス・ワクチン】

まず今夜よく眠る目標。


目標は、高い方が良いに決まっている。

ただ、高い目標のほとんどは段階がある。

総理大臣になるためには、議員内閣制の我が国では、まず議員になることから始めねばならない。一億円貯《た》めるには、まず一万円から始めることである。

千里の道も一歩から……。

お金を貯める基本は収入があること。そしてその収入を上回る支出をしないこと。その当たり前のことがなかなか出来ない。その一歩ずつが目標達成の一歩である。といって、一万円貯めるぞといった低い目標は、大人の目標とはいえない。

自分の実力、収入に見合う目標を立てることである。高過ぎては、目標達成までの道が遠すぎ、挫折する。

目標とは、達成可能の限界に挑戦することが大切といえる。頑張れば出来る範囲が目標である。背伸びをしても良い。梯子《はしご》をかけても良い。届けば良い。これが原則。

もう一つ大事な原則がある。自分が決めることである。他人が決めた目標は目標ではない。それを心で誓った時に初めて目標となる。やろうと思うこと。食事でもそうだが、食べようという意思が働いて、初めて茶碗《ちゃわん》と箸《はし》を持つのである。

次に二つの法則がある。目標を具体的な数字に置き換える。家を建てるなら何LDKの家を建てるかを決める。次は期限である。四十歳までにとか三年後とかである。

期限のない目標は目標とはいえない。後はそれを時々、どのくらい目標に近づいているかどうかチェックする。どたん場での帳尻合せは、大き過ぎて不可能になることが多い。

目標を達成するためには、公言することも一つの方法である。そうすることで、背水の陣を敷く。

ただ四六時中、口にしていると、目標そのものが安っぽくマンネリ化してしまうことに気をつけなければいけない。

目標屋さんは、そのマンネリ化を脱出できず、過去の形にとらわれる。先月こうだったから今月はこうと、過去を引きずってしまう。

目標を立てるだけで満足している人もいれば、目標を部下まかせにしている人も多い。

夢は何となく漠然としているが、目標となるとそれがリアルになってくる。

目標とは具体的な夢で、その戦略を考えれば達成するというものである。そこが夢との違いで、目標は戦略とのカップリングである。戦略を立てない目標は目標とはいえないが、それを知らないビジネスマンも多い。

もう一ついえば、目標はそれ自体が価値のあるものでなければならない。千人斬りが目標などというプレイボーイの目標は価値がない。人生にとって会社にとって、価値のない目標なら立てないほうが良い。価値のある目標こそ、貴方と会社を大きくする。

私の現在の目標は、この本を十万冊売ることである。だが戦略が見えてこない。目標を千冊に変えたら見えてきた。

ところが、その戦略では目標の十万は無理である。つまり、目標の高さによって戦略が違うことを改めて知った。おそらく本屋の店頭に並ぶ時までこのままだろう。でも何とか喰らい付いてみる。それがこの本を出した意義にも繋《つな》がる。

『目　標』

目標のスパンは短いほうが良いでしょう。長くても四年です。そう、次のオリンピック出場までです。

夢欠乏症

【ビジネス・ワクチン】夢は夢。現実を直視しよう。

タイガースが去年、十八年振りに優勝した。星野監督の持論は、夢は目的を達成するためのものと言う。星野さんの夢は、日本一になることだったろうが果たせなかった。だが、タイガースをセ界一にするという目的は果たした。そして星野監督は、日本一人気のある監督になって辞任した。ある意味で夢を実現して、これからの夢は何なのか知りたい。夢を達成した男の夢に興味がある。

日本人の一番好きな漢字は、夢だという。みんな前途に希望を持ちたい願望があるからだろう。

ボーイズビーアンビシャス、意味も含めて日本人のほとんどが知っている英語である。青年よ大志を抱け！　夢と志は正確には少し違うかも知れないが、まぁ同じこととしておこう。

貴方が総理なら、夢は日本の国が豊かになり、国民のすべてが幸せに暮らすことだろうが、貴方が今の立場でそういうと、憤飯ものである。

それぞれの立場、それぞれの時機にふさわしい夢がある。小市民的な家庭人なら、小さな庭があって白い窓のある家を建てることかもしれないし、貴方がビジネスマンなら、今、自分が立ち上げているプランが実現できることであろう。

子供の頃、夢見たスチュワーデスになった人もいるだろうし、背と鼻が低かったがゆえに夢を捨ててしまった人もいる。

「末は博士か大臣か」歌にまで唄われた昔の子供の夢であるが、今、政治家はうす汚れた存在として、子供の夢の対象ではなくなった。

むしろ、Jリーグの選手になりたい、漫才師になりたい子供の方が多いに違いない。

現代っ子は、実現できそうもない夢はあまり追わない。親もそうである。子供に自分が叶わなかった夢を託そうとしている。

囲碁ブームが子供の世界に起きている。親は勉強よりも合宿させてまで、囲碁に専念させようとする。塾から進学校、国立大、一流企業といったコースと違うルートを選び始めた。野球留学もその例である。

ビジネスマンになるより、その方がマネーを稼《かせ》げることを知った。

でも貴方は、すでにビジネスマンとして仕事をしている。子供の頃のパイロットの夢は多分、もう捨てたのであろう。でも、現在の夢は夢としてあるはずだ。その夢を夢として終わらせようとしているのか。

それとも……夢の実現を誓うことは大事なことである。言葉に魂があるといわれるように、口に出すことによって実現の可能性が高くなる。

「今度の本、ベストセラーになると思う」と何度も語っているうちに、本当に売れそうな気がしてくる。そして夢の現実に向けてそれなりの努力を始める。そうなると夢は、欲望と化すのである。

貴方も自分の夢は語る方が良い。しかし、語りすぎると鮮度が落ちることがあり、逆にOLに、夢おじさんなどとからかわれることにもなる。

夢は遠くにあると美しい存在だが、近づいてくると、そこに我欲が加わり、うす汚いものとなる。
現実から遠い夢を語ると子供っぽく、あまり現実に近い夢を話すと人間が小さく見える。
その辺を承知して語るがよい。

『夢』

人間にとって非常に大切です。特に純粋な気持ちで抱いたファーストドリームを大切にしてほしいと常に思い、大切だと発信しています。

それは、かならずしも今の職業にリンクしていなくても良いのですが、夢を達成させるプランをしっかり持つべきです。すると今、自分がすべきことが見えてきます。また、リンクしていないと思った現状でも、リンクしているところが見えてきます。

夢に対する計画性を持つことが必要です。ただし、貯金のときのように一日百円貯《た》めるというわけには行きません。夢は自分の頭の中で貯めるもので、形にはなりませんから、目には見えません。本当の気持ちも、他人からは分かりません。だから、あきらめることが簡単なのです。

あとがき

中田　昌秀

一夕、若き盟友、ビジネスプロデューサーの加藤友康氏から声をかけられた。「ビジネス本なんですが、一緒にやりませんか。共著ということで……」。最後の、ということで……で、大意は理解できた。

ほとんどは貴方が書くんですよという意味である。著書は数多く出しているが、ビジネス書は初めて。ビジネス書のほとんどは成功本でありハウツウものである。となると、私には縁なき衆生《しゅじょう》といえるが、彼の企画はなぜ成功しないか、駄目人間への教書だという。成程《なるほど》そうか。

私はこの時、バブルの後始末に失敗して虎の子のビルを失い、路頭に迷っている時でもあった。筆一本で食わねばならぬ時の筆の注文である。サクセスストーリーは書けなくとも、こんなことしていると失敗しますよ、なら書けるかもと躊躇《ちゅうちょ》なく引き受けた。が、まず横文字に悩まされた。

コンセプト・コンプライアンス・マニュアル等々、己の理解の域が中途半端なものばかり。一夜漬《づ》けの知識では、ビジネスマンの読者には及ばない。失敗《しま》った！　でもアトの祭り。なら素人なればこそのものを書けばよい。怖いもの知らずとはこのことである。

「面白い読物にして欲しい」という加藤氏の注文が胸につかえた。「ええい、ままよ」と仕事に入った。

長い間の放送作家生活で、一応注文には馴れている。でも、それは得意とする芸能文化、歴史、政治、料理等の分野でのこと。そこで一計を案じた。ビジネス川柳をここで生かせば面白くなると得意技を提案したが、あっさり却下された。タッグマッチの相棒が拒否したらしようがない。それは禁じ手となった。あとは四ツに組むしかない、といっても、こちとらはなまくら四ツ。読者にうっちゃりを食わぬように頑張るだけである。

面白くなければ、すべて私の責であると承知して、この本は世に出た。

成功すれば加藤氏の手柄である。建築に譬《たと》えれば彼は黒川紀章であり、私は大工の棟梁である。雨漏りと隙間風も、大工のせいにされる。

面白くないが、ハイブローかというとそうでもない。だが、読む手間はほとんどかからない。貴方に関心のある項目だけ読めば充分である。多分、五分以内で用は足りる。それにしては単価が高いというなら、貴方のまわりの人たちに、その人にピッタリの項目を開けて読ませ、片目をつむってニッと笑えば、それだけで充分モトは取れるはずである。

経営の成功者と失敗者が組んで出来上がったこの本に、読者がどんな反応を示してくださるか、それが気がかりではある。

人は生きるために食わなければならない。食うためには金が要《い》る。いかに高い理想を持っていても、食うために妥協しなければ餓死する。我々は食うために仕事をしている。仕事とは商売のことである。商売は儲《もう》けがなくてはならない。

医者も僧侶も商売である。教育家も芸術家も、もちろん政治家など、もっとも胡散《うさん》臭い商売人である。医者や坊主は他人の不幸で飯を食っている。そのくせ揉《も》み手も愛想《あいそ》笑いもせず、毎度おおきにとも言わず、威張って金を受け取る。定価表なるものを見せてくれない。

医者は暇になると、検診車と称して客を探す。病気を治して何ぼではない。死んでも金は取る。時たま間違えて殺すときもあるが、過失致死も認めない。

政治家は選挙のときだけお願いしますを連呼する。当選したとたん、ころっと態度を変えるのと比べれば、朝になると背を向ける男なんかかわいいものである。彼らは自分に一票投じてくれた国民を、平気で死地に送ろうとする。誰の利益でもない。彼らのビジネスのためである。戦争ほどの浪費は他に見当たらない。浪費あるところにビジネスあり。この世に商売でないものはない。

戦争もビジネスである。平和のためにという名目で続いているビジネスなのだ。中東における戦争はオイルの利権商売で、ブッシュ大統領はアメリカンカンパニーの社長として、敵対する会社を自分の支配下に置こうとしたが、言うことを聞かないのでドンパチを始めた。子分の日本は上納金を納めたが、「それでは駄目だ、出入りにも人を出せ」と言われ、小泉組長が軽はずみに約束をしたばかりに困ったのである。

このビジネスは、日本にとってあまり分のいい商売じゃないんだが、親分から認められてイラク復興支援のおこぼれを頂戴するために、「多少の若い衆の命を犠牲にするのは仕方ない。日本が国際社会の一員として生きていくために、犠牲になる若者や家族のことは金で解決すればいい」と考えた。

潰《つぶ》しておいて復興することを、マッチポンプビジネスという。独裁政治からその国の国民を救うという大義名分のためなら、イラクも北朝鮮もフセインも金正日も同じはず。それをしないのは、北朝鮮に石油がないからだけの話である。血を流して得るものがない。つまり、北朝鮮はビジネスにならないのである。

それを批判したり、同調したりしている報道だってビジネスなのだ。新聞も雑誌も売れなくては商売が成り立たないから、どうしたら売れるかを考えて紙面を作っている。正義とか真実を伝えるという大義の下にである。言うまでもなくテレビもそう。久米宏も筑紫哲也も、思想とまでは行かない意見を売って飯を食っている。視聴率を気にしながら、局の意向を気にしながら、正義を演じている。だが、正義はひとつではない。

一方の正義は片方の悪である。百人いれば、百の正義がある。真実も同じこと。真実なぞ当事者以外、誰にも分からない。時が過ぎれば本人も思い違いしたりする。裁判官なんぞ、本当のことを知らないまま判決を下す。歴史が証明するとはいうが、歴史はすべて勝者の歴史である。敗者の真実は、歴史から葬り去られることは東京裁判が証明している。

そして、その正義と真実を、我こそはと売り物にしているのが報道機関なのである。これを鵜呑みにして、大衆はさも自分の意見のように吹聴する。実に危険きわまりない。

私は鬼畜米英で育った。報道のせいで日本は勝つと信じ込まされていたし、英語など敵国語で使えなかったのが、ある日を境に「ギブ　ミー　チョコレート」となった。今までの教育も道徳も一瞬にしてパー。新聞報道も百八十度転換。あれよあれよとアメリカさまさま。それまでの私の中でのすべての価値観が一変した。以降、マスコミを信用しないまま何の因果かマスコミで飯を食うようになって、その思いをなお強くした。

でもこれを怒ってくださるな。私も彼らも身過ぎ世過ぎ暮らしのためである。生きるための商売、つまり、あなたと同じなのだ。理想とか正義とか大義名分を唱える奴ほど、実は怪しい商売人なのだ。

「君のため、国のため、人類のため、正義のため、平和のため」。この言葉に気をつけよう。もう一言、ホンネを付け加えて欲しい。「そして俺のため」と、それなら信じる。八百屋も、靴屋も、国のためとか平和のためとか言わないでちゃんと商売している。大義名分を言わなければならないのは、後ろ暗いのを誤魔化そうとしているからだ。誰がなんと言おうと、商売はまずおまんまのためである。次に何かのためである。

商売は騙《だま》しあい。その言い方が悪ければ、駆け引きである。こういうとまた、何か商売がうす汚く聞こえるが、人が生きていくために駆け引きは必要なものである。

若者に純粋な青春の夢と感動を与えるという野球にしても、サッカーにしても騙しあいの、いや駆け引きで成り立つスポーツである。カーブと思わせストレートを投げる。走らないように見せて走る。右と思わせ、左と相手の裏をかいて、それが勝敗の決め手となる。国技の相撲だって、立ち会いの変化で、駆け引きのうまい奴が勝つところは商売と同じである。

だが、彼らをビジネスマンとは呼ばない。球団も相撲協会もビジネスである。病院も学校もビジネスだが、医者や教師をビジネスマンとは呼ばない。画商もプロダクションもビジネスだが、画家も芸人もビジネスマンではない。

彼らは才能とか知識とか形のないものを売っている。形のないものは評価のしようがない。評価はできても、量を計ることができない。人間に評価をつけて売ればビジネスにはなる。しかし、才能にはスランプがあるが、鍋釜にはない。知識には思い違いがあるが、畳障子にはない。畳のアイデンティティーは確立していて、いかに外圧をかけても、障子には変化しない。

形のあるものは、良い悪いの評価がはっきりする。評価のはっきりできるものを売買するのがビジネスである。

そして、今日本を支えているのがビジネスマンで、日本を危機に陥れているのが政治家である。

日本は資源がない。外交は下手。軍備は駄目。頭脳は流出し、宇宙開発は遅れている。日本で世界に威張れるものといったら経済だけ。ということは、ビジネスしかないことになる。

それに携わるビジネスマンを侵そうとしている、形の見えないウイルスがある。鳥インフルエンザより恐い世界に誇るビジネスマンを守ろうと世に出たのが、このワクチン本である。医者に相談するよりはましだろうと思う。

MASAHIDE NAKATA
中田 昌秀

1931年、大阪生まれ。関西大学卒業。

放送作家、作詞家、演劇などの演出家。政治家を目指し、選挙に出馬した経験もある。TV創成期にはプロダクションを経営し、横山エンタツ、藤田まこと、フランキー堺、立川談志らのマネージメントに手腕を発揮すると共に、放送作家として、「ヤングオーオー」など多数の人気番組を世に送り出す。

また、グルメブームの先駆者的番組である「味と旅」を演出。三年間毎日、おいしい物を追い求め、関西を代表する美食家となる。

大阪文化人のお目付け役として、現在も上方演芸をあたたかくも厳しい眼で見守っている。

文化人川柳の会「相合傘」代表幹事として活躍。人柄がにじみ出た飄逸な作品には愛好家も多い。花柳界を見て育ったせいか、芸事に対しての造詣も深い。法善寺横丁の風情をこよなく愛し、火災に遭った時には、先頭に立ち署名運動に取り組むと共に、復旧を願い応援する曲「人情横町法善寺」の作詞を手掛けている。千日前界隈を題材とした「坂町ブルース」も作詞家としての代表作。齢七十を過ぎ、ますます意欲的な活動を行い「二度目の還暦を迎えたい」と張り切っている。

著書に「現代楽屋言葉」「ホステスの聖書」「日めくり 七味川柳」「百人一選 冷汗駄句駄句」「ノックは有用」など、味わい深い作品を多数出版。現在、藤本義一氏らと共に心斎橋大学講師として後進の指導にあたっている。

TOMOYASU KATO

加藤友康

1965年、大阪生まれ。ホテル、フードサービス、スパリゾート等あらゆるレジャー事業の総合的な開発を行うプロデュース企業力トープレジャーグループ　グループ12社の代表取締役。大学在学中より事業に携わり、卒業と同時に代表取蹄役に就任。以降、10数年間で社業を年商規模40倍、120億円企業へと成長させた。その勢いは不況下においてもとどまる事を知らず、現在、日本全国に50を越える事業所、総スタッフ数約2,000名、年間400万人に及ぶ顧客を動員している。1998年、大阪府岸和田市よりスパリゾートの運営依託を受け、「牛滝温泉　いよやかの郷」をオープンさせる。公共事業では前例のない動員数を記録し続け、その後も各地よりオファーが殺到し、京都府園部町「心と身体の癒しの森　るり渓温泉」等をプロデュースする。最大のピンチといわれている現在の経済情勢にあって、不良債権の処理、企業経営の活性化、公共事業の事業的成功など、時代が孕む命題に明快な答えを出すそのプロデュース活動は注目されている。2002年には米国の投資銀行とのコラボレーションにより法人を設立し、「東京第一ホテル福岡」の運営を開始。また、2004年3月「長崎温泉　きれいな海と四季旬味　やすらぎ伊王島」をグランドオープンさせる。長崎県のウォーターフロント事業の一環で、離島にあるリゾート施設の再建は全国から注目を集めている。「第一ホテルプロジェクト」「伊王島プロジェクト」の両ケースは、経営不振にあえぐ商業施設を健全な運営へ再生させる手腕として、各界から高い評価を受けている。著書に「商内（あきない）革命～成功へのプロデュース思考～」「成功する人」（ともに元就出版社）などがある。

SPECIAL THANKS

Seizaburo Kato —— Kato Institute Of General Development

Ritsuko Okuno —— Kato Institute Of General Development

Kouji Matsuda —— Kato Pleasure Group

Sawaki Aoto —— Kato Pleasure Group

Ryuichi Aoki —— Kingston Inc

Yutaka Sakurai —— document writer

Masashi Hama —— GENSYU SHUPPANSHA

Bunsaku Tsuji —— Photo ATELIER TSUJI

Bulan Bintang

Kato Pleasure Group

ALL STAFF

ALL CONNECTIONS

ALL CLIENTS

ALL CUSTOMERS

カトープレジャーグループ
東京本社
〒151-0051 東京都渋谷区千駄ヶ谷3-5-7
TEL.03-3746-0666 FAX.03-3479-0707
大阪本社
〒543-0051 大阪市天王寺区四天王寺2-1-9
TEL.06-6771-0111 FAX.06-6772-8128
URL http://www.kpg.gr.jp

日本ビジネスマン・ウイルス

2004年5月29日 第1刷発行

著 者 加藤友康＋中田昌秀
発行人 浜 正史
発行所 株式会社 元就出版社
〒171-0022 東京都豊島区南池袋4-20-9
サンロードビル2F-B
TEL.03-3986-7736 FAX.03-3987-2580
振替.00120-3-31078
印刷所 中央精版印刷株式会社
※乱丁本・落丁本はお取り替えいたします。

©Tomoyasu Kato＋Masahide Nakata 2004 Printed in Japan
ISBN4-86106-007-9 C0033

商内《あきない》革命

成功へのプロデュース思考1

加藤友康

年間三〇〇万人動員、一〇〇億円を稼ぐ。

数多くの商業施設を手掛けた注目度抜群のビジネスプロデューサーがビジネス界に新たな指針を放つ。みずからの事業所は全国に40ヵ所を超え、一二〇〇名のスタッフを擁する。

定価一四〇〇円（税込）

成功する人

成功へのプロデュース思考2

加藤友康

自らの経験、体験をもとに成功への道を説く。

成功とは何か？　それは自らの夢を実現すること。成功の鍵は……その人自身である。弱冠35歳にして窮地の事業を30倍に伸張させ、様々な商業施設を成功させた秘訣を明かす。

定価一四〇〇円（税込）